일러두기

라멘 먹으러 왔습니다 고토치라멘 편은 2024년 5월까지 현지 취재로 수집한 자료로 만들었습니다. 정확한 정보를 제공하기 위해서 여러 차례 검증하여 만들었지만, 영업시간이 변경되거나 폐업하는 가게가 생길 수 있습니다. 책의 내용 중 잘못된 부분은 아래의 이메일로 연락해 주시면 개정판에 반영하여 더 정확한 안내서가 되도록 만들겠습니다.

일본어 발음표기는 널리 알려진 지명은 외래어 표기법을 따랐으나 그 외의 표기는 최대한 현지어의 소리와 비슷하게 표기하였습니다.

라멘 먹으러 왔습니다- 고토치라멘 편

초판발행 2024년 7월 1일
지은이 이선기, 린
그림작가 린
펴낸이 별하문화
기획·편집 별하문화
디자인 린

펴낸 곳 별하문화
주소 경기도 고양시 일산동구 정발산로 31-10, 301호
haram4th@gmail.com
ISBN 979-11-987825-0-2
Published by Byeolhamunhwa.
Copyright © 2024 이선기, 린, 별하문화

이 책의 저작권은 이선기, 린, 별하문화에 있습니다.
저작권법에 따라 보호를 받는 저작물이므로 무단 복제 및 무단 전재를 금합니다.

라멘 먹으러 왔습니다

고토치라멘 편

intro. 라멘 먹으러 왔습니다

약간의 해프닝이 있었지만,
오늘도
역시

라멘 먹으러 왔습니다

작가의 말

이선기

일을 시작한 이후 틈나는 대로 심지어 당일치기로도 일본에 라멘을 먹으러 다녔다. 금전적 여유가 없음에도 라멘에 홀린 사람처럼 미친 듯 여행했다. 그리고 결과적으로 그 기록들이 모여 한 권의 책을 내게 되었다. 책을 발간한 후 내 인생의 방향은 확고해져 퇴사를 결심하게 되었다. 퇴사 전 다녔던 라멘 여행에서는 시간에 쫓겨 다녔지만, 퇴사 후엔 더 넉넉히 시간을 갖고 라멘을 즐길 수 있었다. 보장된 미래나 금전적 보상을 생각하고 퇴사를 한 건 아니었다. 그렇게 살기에는 내 인생이 조금 퍽퍽해 보였다. 원초적 끌림에 의해 떠난 여행이었지만 수많은 준비 끝에 방향을 잃지 않을 수 있었고 그 중심에는 행복이 있었다.

퇴사 후 다녔던 라멘 여행은 내 인생에 있어 큰 모험이었지만 언제든지 꺼내어 볼 수 있는 추억이 되어 내 삶의 행복의 근원이 되어줄 것이다. 그리고 이번 기록들을 두 번째 책으로 남겨본다.

린

이번 책에서 만화와 일러스트를 담당한 그림작가 린입니다. 카카오톡 이모티콘 작가로 활동 중이며 일러스트와 만화 삭업도 겸하고 있습니다. 제 그림을 통해 사람들이 더 행복해지고 즐겁게 웃을 수 있기를 바라며, 조금 더 밝고 따뜻한 세상을 만드는 것이 제 목표입니다. 이 책에서는 라멘의 매력을 시각적으로 전달하는 역할을 맡았습니다. 라멘의 풍미와 지역별 특색을 더 생동감 있게 느낄 수 있도록 노력했습니다. 독자 여러분께 일본 라멘의 독특한 매력을 전하는 작은 창이 되었으면 합니다. 감사합니다.

목 차

intro. 라멘 먹으러 왔습니다	04
작가의 말	07
고토치라멘이란 무엇인가?	10
라멘의 역사와 라멘의 종류	12
라멘 용어 노트	16
일본 고토치라멘 지도	20

CHAPTER 1
홋카이도 지역 고토치라멘

홋카이도 지역지도	23
아사히카와라멘	24
삿포로라멘	26
무로란카레라멘	28
하코다테라멘	30
구시로라멘	32
홋카이도 지역 에피소드	34

CHAPTER 2
도호쿠 지역 고토치라멘

도호쿠 지역지도	37
쓰가루라멘	38
하치노헤라멘	40
미소카레규뉴라멘	44
이소라멘	46
가마이시라멘	48
라멘 여행 에피소드	50
오후나토산마라멘	52
히나이지도리라멘	54
주몬지라멘	56
사카타라멘	58
토리모츠라멘	60
아카유라멘	62
요네자와라멘	64
기타카타라멘	66
시라카와라멘	68
도호쿠 지역 에피소드	70

CHAPTER 3
간토 지역 고토치라멘

간토 지역지도	73
토후미소라멘	74
사노라멘	78
조슈후지오카라멘	80
기류교자라멘	82
사이타마스타미나라멘	84
타케오카시키라멘	88
가쓰우라탄탄멘	90
아리랑라멘	92
후나바시소스라멘	94
화이트가우라멘	96
하치오지라멘	98
산마멘	100
간토 지역 에피소드	102

CHAPTER 4
주부 지역 고토치라멘

주부 지역지도	105
츠바메 산조세아부라라멘	106

나가오카 쇼가쇼유라멘	108
니가타 앗사리쇼유라멘	110
니가타 노우코우미소라멘	112
산조카레라멘	116
도야마블랙	118
도야마컬러라멘	120
츠루가라멘	122
안요우지라멘	124
타카야마라멘	126
베토콘라멘	128
시다게라멘	130
닌자게라멘	132
타이완라멘	134
타이완마제소바	136
주부 지역 에피소드	138

CHAPTER 5
간사이 지역 고토치라멘

간사이 지역지도	141
카메야마라멘	142
교토라멘	144
타카이다라멘	146
반슈라멘	148
반슈아코시오라멘	150
히메지라멘	152
테리라멘	154
와카야마라멘	156
간사이 지역 에피소드	158

CHAPTER 6
주고쿠 지역 고토치라멘

주고쿠 지역지도	161
돗토리규코츠라멘	162
시지미라멘	164

가사오카라멘	168
돈카츠라멘	170
오노미치라멘	172
히로시마라멘	176
우베라멘	178
주고쿠 지역 에피소드	180

CHAPTER 7
시코쿠 지역 고토치라멘

시코쿠 지역지도	183
도쿠시마라멘	184
효우케라멘	186
나베야키라멘	188
시코쿠 지역 에피소드	190

CHAPTER 8
큐슈·오키나와 지역 고토치라멘

큐슈·오키나와 지역지도	193
하카타라멘	194
나가하마라멘	198
쿠루메라멘	200
다마나라멘	204
사가라멘	206
아고다시라멘	208
쿠마모토라멘	210
사이키라멘	214
미야자키라멘	218
미야자키카라멘	220
가고시마라멘	222
오키나와소바	224
오키나와 지역 에피소드	226

THANKS TO   228

고토치라멘
이란 무엇인가?

고토치라멘은 일본 내 각 지역을 대표하는 특산물로 만들어져 그지역에 정착된 라멘을 일컫습니다.

다른 라멘과 다르게 유행을 따르지 않고 **지역 주민들에게 오랜 기간 사랑 받아온 라멘**이 바로 고토치라멘인데요,

한국에도 많이 알려진 고토치라멘으로는 **하카타라멘(돈코츠라멘), 삿포로라멘(미소라멘)** 등이 있습니다.

그럼, 지금부터, 더 많은 라멘을 저 **소울선기**와 함께 만나러 가봅시다!

Let's go

고토치라멘이란?

일본 전 지역에 분포되어 있는 지역 특화 라멘을 말한다. 각 지역을 대표하는 특산물을 주재료로 사용하며, 그 지역에 정착된 라멘이다. 흔히 대중적으로 알려진 종류의 라멘이 아니라서 종류가 매우 다양하고 역사가 깊다.

고토치라멘의 정착과 발전과정은 일본 전역마다 다르나, 그 지역에 정착한 중국인이 살면서 자신들이 흔하게 즐기던 면 요리 즉, 라멘의 원형을 전파해 그 지역의 특성에 따라 고토치라멘으로 정착했다는 공통점이 있다. 라멘을 만들면서 지역의 유명한 특산물을 라멘에 재료로 접목시키고 사용해 고토치라멘으로 발전한 것이다. 지역에 따라서는 지자체나 민간에서 지역 홍보와 관광 활성화를 위해 의도적으로 기획해 만들어진 경우도 있다.

시대적 유행을 따르지 않고 지역민들에게 오랫동안 사랑을 받아온 고토치라멘이지만 전국적으로 유명해진 것들도 있다. 라멘의 종류를 이야기할 때 빠지지 않고 등장하는 돈코츠 라멘(하카타라멘), 미소라멘(삿포로라멘)이 바로 그 경우다. 돈코츠 라멘은 하카타의, 미소라멘은 삿포로의 고토치 라멘이지만 지금은 전국적으로 널리 알려져 있어서 쇼유라멘과 함께 일본 3대 라멘으로 불려진다. 그리고 중화식 면 요리에 와풍(일본풍) 다시가 첨가되어 츄카소바, 시나소바 등의 이름으로 정착하기도 했다.

이처럼 다양하고 매력있는 고토치라멘들이 많고 오랜 시간 동안 사랑을 받아온 라멘을 즐기는 즐거움은 상당하다. 그러나 현재 많은 고토치 라멘들이 위기에 처해 있다. 고령회와 지방 공농화 등으로 인해서 가게를 이을 후계자의 공백으로 사라지는 고토치라멘집들이 많아지고 있는 것이다. 고토치라멘의 명맥이 계속 이어지길 바라지만, 안타깝게도 그 수가 빠르게 감소하고 있다. 이 책은 매력이 넘치지만 점점 사라져가는 고토치 라멘에 대한 기록이다. 일본 전국 여러 고토치라멘들의 매력을 이 책에 담아 글과 사진 그리고 영상으로 독자들과 함께 공유하고자 한다.

라멘의 역사

1910년 도쿄 아사쿠사에 오픈한 라이라이켄(来々軒)에서 '중화소바'라는 대표메뉴로 판매하기 시작한 라멘은 저렴하고 배부르게 먹을 수 있는 음식으로 입소문을 타면서 유행하기 시작했다. 특히 일본이 전쟁을 끝낸 1947년 이후부터 쌀을 구하기가 어려워지면서, 상대적으로 구하기 쉬웠던 밀가루를 이용한 음식이 많아지게 되었고, 이는 일본의 급속한 경제 부흥 시기 라멘의 전성기를 이끌게 되는 큰 계기가 되었다.

라멘이 변화기를 겪게 된 것은 일본의 국민 음식으로 정착하게 되면서부터이다. 라멘 가게의 수가 많아지며 경쟁이 치열해졌고, 특히 2000년도에 들어서면서 고급 재료 및 세련된 인테리어를 활용하며 라멘의 이미지를 완전히 바꾸어 놓았다.

라멘의 종류

1) 쇼유라멘 醬油ラーメン

기본적으로 닭 뼈나 돼지 뼈를 우려서 육수를 만들고 거기에 간장을 섞어 간을 맞추는 가장 기본 라멘이다. 현재는 육수에 다양한 재료를 섞기 시작하였다. 쇼유라멘은 육수도 중요하지만, 간장을 어떤 것을 썼느냐에 따라서 라멘 스프의 맛과 풍미가 많이 달라진다. 따라서 유명한 쇼유라멘집에는 어느 지방의 어떤 간장을 사용하고 있다고 따로 적어놓기도 한다.

2) 돈코츠라멘 豚骨ラーメン

돼지 뼈를 센 불에 오랜 시간 끓여서 뽀얗게 우러나오게 만든 스프가 특징이다. 큐슈 지방을 대표하는 지역 라멘이며 큐슈의 어느 지역이냐에 따라서 다시 나누어진다. 가장 유명한 하카타식 돈코츠를 기준으로 쿠루메 지역의 라멘은 하카타식 돈코츠보다 더 진하고 돼지 특유의 냄새도 많이 나며 면도 더 굵다. 반면 쿠마모토 지역의 돈코츠는 돼지 뼈만 사용하는 것이 아니라 닭을 같이 사용하기 때문에 하카타식보다 더 부드러운 맛을 가지고 있다.

3) 미소라멘 味噌ラーメン

일본 된장인 미소를 스프에 풀어 구수함이 느껴지는 것이 특징인 라멘이다. 추운 지방에서 탄생한 라멘이기 때문에 돼지 지방인 라드(돼지 지방 가공품)를 사용해 표면을 덮어 스프의 온기가 추위에 식지 않도록 해 준다. 미소라멘에서 특이한 고명은 버터와 옥수수다. 최고급 품질로 통하는 홋카이도의 고품질 버터와 고소한 옥수수를 잔뜩 얹어 고소함과 부드러움이 배가 되고 버터의 풍미가 더해져 더 맛있게 라멘을 먹을 수 있다.

4) 시오라멘 塩ラーメン

시오라멘은 돼지나 닭 뼈를 우려 만든 맑은 육수에 소금을 넣어 간을 맞춘 스프를 사용한다. 쇼유나 미소와 다르게 소금은 짠맛 이외에 다른 맛이 없으므로 육수를 얼마나 잘 만들었는지가 라멘 맛을 크게 좌우한다. 그래서 여러 라멘 중에서도 가장 어려운 것으로 꼽힌다. 스프도 토핑도 단순하므로 부담스럽지 않고 가볍게 먹기 좋다.

5) 츠케멘 つけ麺

자루 소바를 멘 츠유에 찍어 먹는 것에서 착안해 라멘에 도입한 형태다. 츠케멘의 스프는 면과 분리되어 따로 그릇에 담겨 나오며 츠케지루라고 부른다. 라멘이 면보다 스프에 더 중심이 쏠려 있다면, 츠케멘은 면에 중심이 더 쏠려 있으며, 면을 자신의 취향대로 츠케지루의 양을 조질해 다양한 맛의 변화를 즐기는 것이 특징이다.

6) 토리파이탄라멘 鶏白湯ラーメン

돈코츠 라멘처럼 닭 뼈를 뽀얗게 우러날 때까지 강한 불에 장시간 끓여 만든 스프로 만든다. 돈코츠처럼 진하지만 뒷맛이 깔끔하고 닭 특유의 고소함이 극대화되어 있는 것이 특징이다.

7) 규코츠라멘 牛こつラーメン

소뼈를 사용했기 때문에 우리나라의 설렁탕 같은 느낌이나, 한국의 국물과는 다른 매력이 있다. 재미있는 것은 일본 전체를 놓고 볼 때 주고쿠(中國)지역쪽에서만 규코츠 라멘을 만들어 먹는다는 것이다. 효고현의 경우 주고쿠 지역이 아닌 킨키 지역이지만 고베규의 홍보 수단으로 규코츠라멘을 만든 것이라 역사가 짧다. 하지만 돗토리현과 야마구치현의 경우 규코츠라멘의 역사가 각각 70년 이상으로 오래되었고, 지리적으로 거리가 상당히 떨어져 있음에도 만들어 먹기 시작한 시기, 만드는 법 등이 상당히 닮았다는 것도 신기하다.

8) 타이완 라멘 台湾ラーメン

나고야의 타이완 요리점 미센(味仙)에서 타이완 타이난 지역의 명물 요리 단짜이멘(擔仔麵)을 재현하려다가 실패했다. 그 후 점주가 매운맛을 좋아해서 고추와 마늘 등을 넣어 얼큰하게 만들었던 메뉴가 단골손님의 요청으로 정식 메뉴가 되었고 이름을 '타이완라멘'으로 지었다. 나고야 이외의 지역에서는 취급하는 곳이 많지 않고 도쿄나 오사카 같은 대도시에서 간혹 볼 수 있다.

9) 타이완 마제소바 台湾まぜそば

나고야의 멘야하나비(麺屋はなび)의 점주가 타이완 라멘을 만들고자, 대만식으로 고기를 갈아서 만든 고기볶음을 만들었는데 당시 라멘의 스프와 맛이 맞지 않아 모두 버리려고 했다. 그런데 당시 함께 일하던 아르바이트생이 그 고기를 삶은 면 위에 얹어 먹어 보면 어떻겠냐고 의견을 냈고 이를 계기로 여러 번의 시행착오 끝에 매콤하면서 짭짤한 그리고 감칠맛 넘치는 비빔라멘이 탄생했다.

10) 아부라소바 油そば

1955년경 도쿄 무사시노구의 대학가에서 시작된 라멘으로 스프 없이 면에 참기름, 간장, 라유, 식초 등을 뿌려서 비벼 먹는다. 타이완마제소바와 아부라소바(油そば)는 겉보기에 비슷해서 쉽게 혼동할 수 있는데, 타이완마제소바에는 반드시 간 고기볶음이 수북하게 올라가고 매콤한 맛이라는 점에서 큰 차이가

있다. 타이완 마제소바는 약간 매콤한 비빔면이라 우리 입맛에 잘 맞는다. 면을 어느 정도 먹다가 남은 양념에 밥을 비벼 먹을 수 있어 더 맛있고 배부르게 먹을 수 있다.

11) 탄탄멘 担々麺

탄탄멘은 원래 중국 사천성의 면 요리다. 그것이 세계 여러 나라로 퍼지면서 맛이나 조리법이 현지화되었는데 일본의 탄탄멘도 매운 음식을 잘 먹지 못하는 일본인들의 입맛에 맞게 변화되었다. 원래 탄탄멘은 스프가 없는 비빔면이지만 일본에서는 라멘처럼 스프가 많은 형태고 매운맛도 많이 줄어들었다.

12) 토마토라멘 トマトラーメン

창작 라멘이며 개발된 곳은 토마토 라멘의 산뜻함과 정반대 이미지인 돈코츠를 주로 먹는 후쿠오카다. 웰빙 바람을 타고 건강한 라멘을 추구하며 만들어진 토마토라멘은 주로 닭을 베이스로하고 토마토와 채소를 섞어서 스프를 만드는데, 가열된 토마토 특유의 단맛과 산미가 의외로 상당히 맛있다. 큐슈답게 돼지를 베이스로 한 스프에 토마토를 섞은 가게도 있는데 토마토 라멘 특유의 산뜻함은 그대로다.

13) 카레라멘 カレーラーメン

라멘과 더불어 일본의 국민 음식으로 통하는 카레. 카레라멘의 역사는 상당히 긴데 1961년 닛신에서 치킨라멘의 카레 맛을 내놓았을 정도다. 카레라멘을 하는 점포가 가장 많은 곳은 니이가타현으로 산조시 시내에만 약 70곳 정도가 있어 전국 최대 규모다.

14) 카니라멘 カニラーメン

일본에서 게가 유명한 곳은 홋카이도, 돗토리현, 효고현, 교토부, 후쿠이현 등이 있는데, 게 어획량이 많거나 소비량이 많은 곳답게 게를 주재료로 하는 라멘을 판매하는 가게들을 종종 찾아볼 수 있다. 특히 홋카이도는 털게, 돗토리현은 홍게를 사용한 라멘 가게들이 있다.

라멘 용어 노트

면 관련 용어

* **오오모리** (大盛り おおもり) 곱빼기

* **카에다마** (替玉 かえだま) 면 추가

(주로 돈코츠 라멘에서 스프가 남아있을 때 가능)

* **호소멘** (細麺 ほそめん) 가는 면

* **후토멘** (太麺 ふとめん) 굵은 면

* **치지레멘** (ちぢれ麺 ちぢれめん) 곱슬 면

* **히라우치멘** (平打ち麺 ひらうちめん) 납작 면

* **코나오토시** (粉落とし こなおとし) 거의 생면

* **바리카타** (バリカタ ばりかた) 생면의 반만 익힌 상태

* **카타** (カタ かた) 약간 덜 익힌 단단한 면

* **후쯔우** (普通 ふつう) 보통 익힌 면

* **야와** (ヤワ やわ) 조금 더 익혀 부드러운 면

* **바리야와** (バリヤワ ばりやわ) 푹 익혀 매우 부드러운 면

토핑 및 사이드 메뉴 관련 용어

* **아지타마** (味玉 あじたま) 맛계란

* **차슈** (チャーシュー ちゃーしゅー) 고기

* **멘마** (メンマ めんま) 죽순을 직사각형 모양으로 가공하여 맛을 낸 것

* **호사키멘마** (穂先メンマ ほさきめんま) 죽순 끝부분의 원형 그대로 잘라 맛을 낸 것

* **고항** (ご飯 ごはん) 흰밥

* **차슈동** (チャーシュー丼 ちゃーしゅーどん) 고기덮밥

* **노리** (のり) 김

* **네기** (ネギ ねぎ) 파

* **모야시** (もやし) 숙주

* **나루토마키** (なると巻き なるとまき) 소용돌이 모양 어묵

테이블 세팅 및 양념 관련 용어

* 렌게 (レンゲ れんげ) 숟가락, 국자

* 오히야 (お冷 おひや) 냉수

* 오유 (お湯 おゆ) 뜨거운 물

* 와리바시 (割箸 わりばし) 나무젓가락

* 하시 (箸 はし) 젓가락

* 오차 (お茶 おちゃ) 녹차

* 고마 (ごま) 깨

* 라-유 (ラー油 らーゆ) 고추기름

* 이치미 (一味 いちみ) 매운 양념

* 시치미 (七味 しちみ) 일곱 가지 맛이 나는 양념

* 닌니쿠 (ニンニク にんにく) 마늘

* 마-유 (マー油 まーゆ) 마늘 기름

* 바타 (バター ばたー) 버터

* 베니쇼가 (紅生姜 べにしょうが) 붉은 절인 생강

* 오스 (お酢 おす) 식초

* 코쇼 (胡椒 こしょう) 후추

일본 고토치라멘 지도

큐슈·오키나와
하카타라멘
나가하마라멘
쿠루메라멘
다마나라멘
사가라멘
아고다시라멘
쿠마모토라멘
사이키라멘
미야자키라멘
미야자키카라멘
가고시마라멘
오키나와소바

주고쿠
돗토리규코츠라멘
시지미라멘
가사오카라멘
돈카츠라멘
오노미치라멘
히로시마라멘
우베라멘

간사이
카메야마라멘
교토라멘
타카이다라멘
반슈라멘
반슈아코시오라멘
히메지라멘
텐리라멘
와카야마라멘

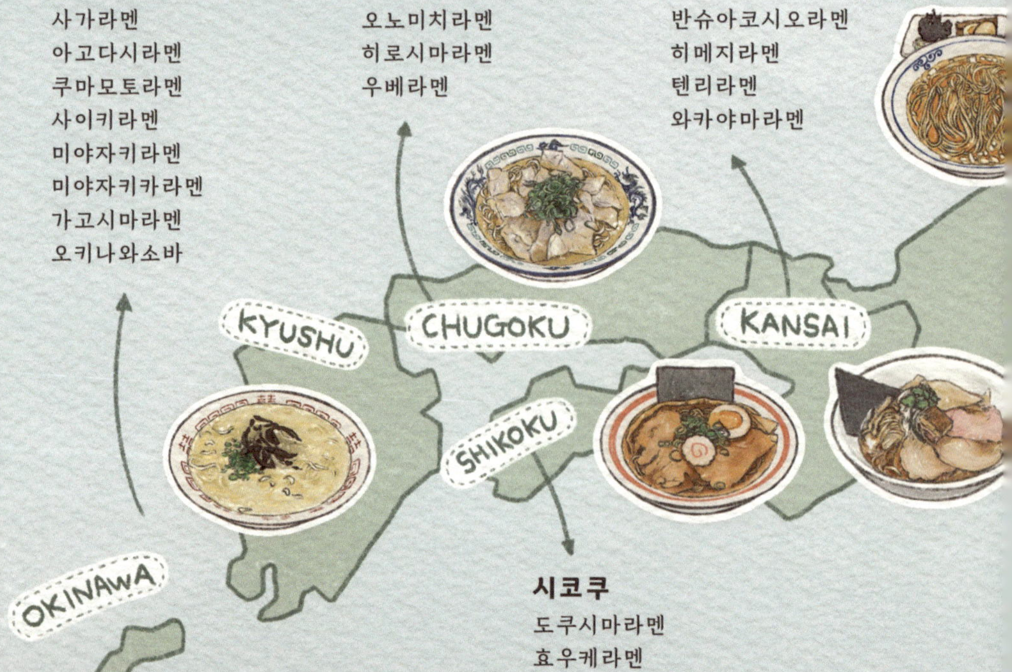

시코쿠
도쿠시마라멘
효우케라멘
나베야키라멘

CHAPTER 01
홋카이도

CHAPTER 01 홋카이도

CHAPTER 1
01

아사히카와라멘
旭川ラーメン

홋카이도 아사히카와시 고토치라멘

아사히카와라멘
旭川ラーメン

라멘 정보

라멘 종류: 쇼유라멘
스프 재료: 닭, 돼지, 생선
염도: 다소 짠 편
스프 농도: 보통
면 종류 : 일직선 면
역과의 접근성: 약간 가까움

SCAN
소울선기
YOUTUBE
아사히카와
라멘

하치야
ラーメンの蜂屋 本店

영업 정보

추천 메뉴: 쇼유라멘
しょうゆラーメン 900엔
교통: JR 아사히카와역(旭川駅)
에서 도보 20분
시간: 월-일 10:00-15:20
(정기휴일 수요일)

SCAN
하치야
라멘집
구글앱 링크

감칠맛이 일품! W 스프의 원조

아사히카와라멘을 논할 때 빼놓을 수 없을 만큼 고토치라멘에 있어 '하치야'의 위상은 대단하다. 1947년 영업을 시작한 '하치야'는 돼지기름(라드)을 사용한 동물계 스프에 해산물계 스프를 첨가한 'W(더블) 스프'를 도입한 곳이다. 원조의 명성에 걸맞게 스프는 조화가 뛰어난 감칠맛을 자랑한다. 씹는 식감이 훌륭한 면은 상당히 굵은 편이며 고기 잡내 없는 얇은 차슈도 무척 맛있다. 홋카이도에서는 역시 미소라멘이라지만, W 스프의 원조의 품격을 느껴보고 싶다면 이곳을 강력히 추천한다.

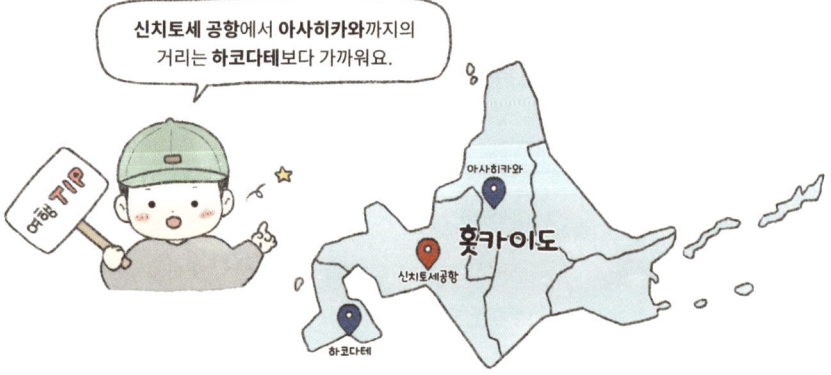

홋카이도 고토치라멘

CHAPTER 1
02

札幌ラーメン
삿포로라멘

홋카이도 삿포로시 고토치라멘

삿포로라멘
札幌ラーメン

라멘 정보
라멘 종류: 미소라멘
스프 재료: 닭, 돼지, 야채
염도: 다소 짠 편
스프 농도: 약간 진한 편
면 종류 : 곱슬 면
역과의 접근성: 가까움

SCAN
소울선기
YOUTUBE
삿포로라멘

아지노산페이
味の三平

영업 정보
추천 메뉴: 카라이텟카멘
からい鉄火麺 1000엔
교통: 난보쿠선 오도리역(大通駅)
에서 도보 2분
시간: 화-일 11:00-18:20
(정기휴일 월요일)

SCAN
아지노산페이
라멘집
구글맵 링크

격이 다른 미소라멘을 맛보고 싶다면

미소라멘의 성지인 삿포로에는 인기 많은 맛있는 라멘집이 무척 많지만 '아지노산페이'는 그중에서도 격이 다르다. 삿포로라멘의 원조 '아지노산페이'의 라멘은 대중적인 맛과 부드러운 스프가 일품이다. 특히 쫄깃하고 탱글탱글한 면은 매콤한 미소된장 스프와 무척 잘 어울리며, 너무 진하지 않은 스프는 누구에게나 사랑받을만하다. 면이 무척 뜨겁게 나오므로 데이지 않게 조심하자.

CHAPTER 1
03
室蘭カレーラーメン
무로란카레라멘

홋카이도 무로란시 고토치라멘

무로란카레라멘
室蘭カレーラーメン

라멘 정보

라멘 종류: 카레라멘

스프 재료: 돼지, 생선

염도: 다소 짠 편

스프 농도: 매우 진한 편

면 종류: 곱슬 면

역과의 접근성: 약간 가까움

SCAN
소울선기
YOUTUBE
무로란
카레라멘

젠틀멘
じぇんとる麺

영업 정보

추천 메뉴: 무로란카레라멘
室蘭カレーラーメン 890엔

교통: JR 히가시무로란역(東室蘭駅)
에서 도보 16분

시간: 월-목 11:30-14:00 / 18:00-01:00

금, 토 11:30-14:00 / 18:00-03:00

(정기휴일 일요일)

SCAN
젠틀맨
라멘집
구글맵 링크

홋카이도에 카레 스프가 빠질 수 없지!

삿포로에서 특급열차로 한 시간 반 거리에 있는 무로란 지역에서는, 일본 국민 음식으로 통하는 카레와 라멘을 함께 사용해 만든 무로란카레라멘 가게들을 쉽게 찾아볼 수 있다. 그 중 '젠틀멘'은 히가시무로란역 근처에 있어 접근성이 매우 좋다. 김이 모락모락 피어오르는 진한 갈색 스프는 깊고 진한 맛이 일품이다. 라멘과 더불어 수북하게 나오는 볶음밥도 함께 즐겨보자.

CHAPTER 1
04

函館ラーメン
하코다테라멘

홋카이도 하코다테시 고토치라멘

하코다테라멘
函館ラーメン

라멘 정보
라멘 종류: 시오라멘
스프 재료: 돼지, 닭
염도: 조금 짠 편
스프 농도: 매우 묽은 편
면 종류 : 일직선 면
역과의 접근성: 보통

SCAN
소울선기
YOUTUBE
하코다테
라멘

후쿠후쿠테이
福々亭

영업 정보
추천 메뉴: 시오라멘
塩ラーメン 650엔
교통: 노면전차 오마치역(大町)
에서 도보 1분
시간: 월-토 11:00-18:30
(정기휴일 일요일)

SCAN
후쿠후쿠테이
라멘집
구글맵 링크

눈이 오면 더 아름다운 거리에서 시오라멘 한 그릇!

하코다테 시오라멘은 일본 전역에 널리 알려진 고토치라멘이다. 그중 '후쿠후쿠테이'는 맛뿐만 아닌 저렴한 가격으로 지역 주민들의 사랑을 받고 있는데, 특히 인근 주민들과 주변 직장인들에게 인기가 많다. 이곳 시오라멘 스프는 깔끔하면서도 감칠맛 있고, 많이 짜지 않다. 특히 굵은 일직선 면은 무척 뜨거우니 주의해야 한다. 차슈가 약간 쿰쿰한데, 후추를 뿌려 먹으면 맛있게 라멘을 즐길 수 있다.

일본은 **1854년 개항**을 계기로 ***구미(歐美)**를 비롯한 이국 문화와의 교류를 시작하였습니다.

*구미(歐美): 유럽과 미국을 아울러 이르는 말

이후 각국 영사관이 들어서게 되었고 중국 영사관 주변으로 **중국 요리집**도 생겨났습니다.

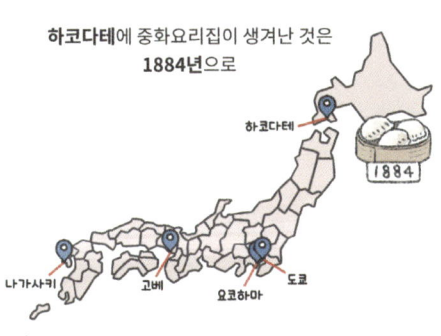

하코다테에 중화요리집이 생겨난 것은 **1884년**으로

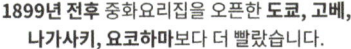

1899년 전후 중화요리집을 오픈한 **도쿄, 고베, 나가사키, 요코하마**보다 더 빨랐습니다.

하코다테는 지리적 특성상 빠른 개항을 했기에 **서양식 건물들**이 많아요.

내부분 **하코다테 라멘집**에서는 라멘 외에도 여러 **중화요리 메뉴**를 판매하는 것이 특징입니다.

볶음밥

만두

카레

시오라멘

홋카이도 고토치라멘

CHAPTER 1
05

釧路ラーメン
구시로라멘

홋카이도 구시로시 고토치라멘

구시로라멘
釧路ラーメン

라멘 정보
라멘 종류: 쇼유라멘
스프 재료: 돼지, 닭, 생선
염도: 다소 짠 편
스프 농도: 매우 묽은 편
면 종류 : 곱슬 면
역과의 접근성: 약간 가까움

SCAN
소울선기
YOUTUBE
구시로라멘

구시로 라멘야 나츠보리
釧路 ラーメン屋 夏堀

영업 정보
추천 메뉴: 쇼유라멘
正油ラーメン 800엔
교통: JR 구시로역(釧路駅)
에서 도보 16분
시간: 월-일 11:00-14:45
(정기휴일 수요일)

SCAN
구시로 라멘야
나츠보리
라멘집
구글맵 링크

라멘도 아름답고, 가게도 아름답고!

삿포로에서 특급열차 '오오조라'를 타고 네 시간을 달려가면 구시로에 도착한다. 도동 지역 최대 도시이자 항구도시로 각종 해산물이 넘치는 이곳은, 도시 특색에 맞게 맑은 쇼유스프에 생선 바탕 육수가 주를 이룬다. 그중 '나츠보리'의 구시로라멘은 쫄깃한 식감의 면이 특히 훌륭하며, 생선 향이 맛있게 풍기는 연한 스프는 모든 재료와 최고의 궁합을 이룬다. 후추를 첨가해 매콤하게 즐겨보는 것도 좋다.

홋카이도 고토치라멘

#홋카이도 지역 에피소드
삿포로 라멘집에서 마주한 한국식 김치

반나절 내내 쉬지 않고 걸어서 그런지 라멘 여행을 마치고 삿포로에 돌아온 뒤 호텔에서 그만 잠이 들어버렸습니다. 잠시 눈만 붙인다는 게 눈을 떠 보니 이미 해가 졌습니다. 아차 하며 시계를 보니 저녁 시간에 가고자 했던 라멘집의 영업시간이 끝나가고 있었습니다. 빠르게 구글 지도를 열고 지금 갈 수 있는 라멘집을 찾습니다. 운 좋게도 리뷰 수는 적지만 아주 좋은 평판의 라멘집 '히로'를 찾았고, 빠르게 짐을 주섬주섬 챙겨 호텔 밖으로 나갑니다. 호텔 로비를 지나 자동문이 열리는 순간 강한 바람이 제 몸을 휘감습니다. 한겨울의 삿포로는 무척 추워 나갈 엄두가 잘 나지 않지만, 라멘을 먹겠다는 의지 하나로 종종걸어갑니다.

한동안 내리는 눈을 맞으며 라멘집에 도착했습니다. 옷과 머리, 몸에 쌓인 눈을 털고 작은 라멘집 문을 열고 들어서니 주인 내외분이 반겨주십니다. 한국에서 온 라멘 마니아라고 밝힌 뒤 시오라멘을 주문하자 반가운 반찬을 내어주십니다. 바로 김치입니다. 일본식으로 조금 달고 물렁한 식감의 김치가 아닌 적당한 산미의 매콤한 한국식 김치인데, 일본에선 찾기가 무척 힘든 김치입니다. 알고 보니 사장님은 한국 음식에 대한 사랑이 각별해서 자주 한국에 여행을 간다고 하십니다.

한일 양국 간 관광 및 문화 교류와 음식의 전파는 정치적인 것을 떠나 항상 왕성하게 이뤄지고 있었습니다. 일본의 가장 서민적인 음식인 라멘이란 매개체를 통해 이런 인연을 만나게 된 것은 어쩌면 우연이 아닐지도 모르겠습니다.

깊어가는 늦은 저녁, 타국의 식당에서 말이 잘 통하지도 않지만, 양국의 음식에 대한 애정을 대화와 라멘을 통해 나누어갑니다. 깊은 밤이 와도, 추운 바람이 불어도, 이 순간만은 분홍빛 벚꽃이 휘날리는 따뜻한 봄입니다.

#삿포로 #히로 #시오라멘 #일본에서만난한국김치

CHAPTER 02
도호쿠

도호쿠 지도

1. 쓰가루라멘
2. 하치노헤라멘
3. 미소카레규뉴라멘
4. 이소라멘
5. 가마이시라멘
6. 오후나토산마라멘
7. 히나이지도리라멘
8. 주몬지라멘
9. 사카타라멘
10. 토리모츠라멘
11. 아카유라멘
12. 요네자와라멘
13. 기타카타라멘
14. 시라카와라멘

CHAPTER 02 도호쿠

CHAPTER 2
01

津軽ラーメン
쓰가루라멘

도호쿠 아오모리현 아오모리시 고토치라멘

쓰가루라멘
津軽ラーメン

라멘 정보

라멘 종류: 쇼유라멘
스프 재료: 멸치
염도: 보통
스프 농도: 매우 묽은 편
면 종류 : 곱슬 면
역과의 접근성: 약간 가까움

SCAN
소울선기
YOUTUBE
쓰가루라멘

나가오츄카소바 본점
長尾中華そば 本店

영업 정보

추천 메뉴: 앗사리
あっさり 800엔
교통: JR 신아오모리역(新青森駅)
에서 도보 16분
시간: 월-일 8:00-20:45
(정기휴일 부정기적)

SCAN
나가오
츄카소바 본점
라멘집
구글맵 링크

멸치 육수에 익숙한 한국인에게 친숙한 스프

신아오모리역에서 가까운 '나가오츄카소바'는 두 종류의 쓰가루라멘 모두를 아침부터 즐길 수 있다. 쓰가루라멘 중 맑은 스프인 오도계 스프는 멸치 특유의 쏩쏠함이 느껴지나 곧 익숙해진다. 멸치 향 가득한 연한 간장 스프는 곱슬거리는 면과 무척 잘 어울린다. 진한 스프인 노코니보시계 스프는 확실히 염도가 강하고 멸치의 진한 풍미가 단번에 느껴진다. 염도가 강한 스프와 잘 어울리는 굵은 면은 식감이 무척 좋다. 두 종류의 쓰가루라멘 모두 자신만의 매력을 뽐내고 있으니 무엇을 먹을지 고민해 보자.

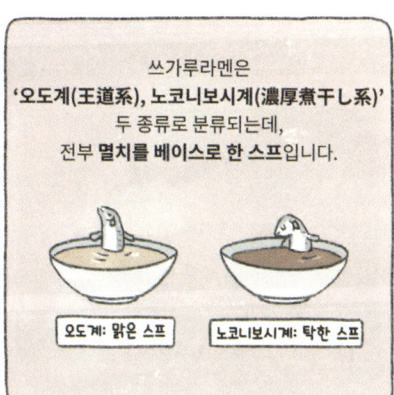

CHAPTER 2
02
八戸ラーメン
하치노헤라멘

도호쿠 아오모리현 하치노헤시 고토치라멘

하치노헤라멘
八戸ラーメン

라멘 정보
라멘 종류: 쇼유라멘
스프 재료: 생선
염도: 매우 낮은 편
스프 농도: 매우 묽은 편
면 종류 : 곱슬 면
역과의 접근성: 가까움

오노야쇼쿠도
大野屋食堂

영업 정보
추천 메뉴: 라멘
ラーメン 600엔
교통: JR 사메역(鮫駅)
에서 도보 2분
시간: 화, 목, 금, 토 11:00-14:00
(정기휴일 월,수,일요일)

SCAN
소울선기
YOUTUBE
하치노헤라멘

SCAN
오노야쿠도
라멘집
구글맵 링크

건강한 맛, 수수한 토핑으로 오래 사랑받아 온 라멘

지역 주민들의 자부심과 애정을 듬뿍 받고 있는 하치노헤라멘은 고토치라멘으로서의 위상을 높이기 위해 대대적 홍보를 하고 있다. 하치노헤라멘은 담백한 생선 육수 바탕의 스프가 주를 이루며, 한국의 인스턴트 라면처럼 가볍고 가는 곱슬면이 특징이다. '오노야쇼쿠도'의 쇼유라멘은 무척 담백한 스프로 자칫 심심할 법하지만, 후추를 첨가하면 생선 향과 후추의 매콤함이 어울려 제법 먹기 좋아진다. 스프에서 호박 향이 느껴지는 것도 신기한 부분. 다소 짭짤한 라멘이 많은 일본에서, 담백한 라멘의 또 다른 매력을 느낄 수 있다.

때는 2020년 1월 24일이었습니다.

어머니처럼, 할머니처럼 다정하고 따뜻한 그리움이 묻어나는 곳,
다시 한번 가고 싶은 **시나소바 시오데**입니다.

CHAPTER 2
03

味噌カレー牛乳ラーメン

미소카레규뉴라멘

도호쿠 아오모리현 아오모리시 고토치라멘

미소카레규뉴라멘
味噌カレー牛乳ラーメン

라멘 정보

라멘 종류: 미소라멘

스프 재료: 돼지, 야채

염도: 보통

스프 농도: 보통

면 종류: 곱슬 면

역과의 접근성: 약간 가까움

SCAN
소울선기
YOUTUBE
미소카레규뉴라멘

아지노삿포로 오오니시
味の札幌 大西

영업 정보

추천 메뉴: 미소카레규뉴라멘

味噌カレー牛乳ラーメン 980엔

교통: JR 아오모리역(青森駅)

에서 도보 8분

시간: 월-일 11:00-18:00

(정기휴일 화, 수요일)

SCAN
아지노삿포로
오오니시
라멘집
구글맵 링크

미소라멘 스프를 활용한 창조의 끝판왕

홋카이도 특히 삿포로 미소라멘에 대한 뜨거운 인기는 인접 도도부현에도 큰 영향을 끼쳤는데, 아오모리까지 미소라멘의 인기가 뻗어나가 이 지역만의 고토치라멘으로 정착한 것이 미소카레규뉴라멘이다. 기존 미소라멘에 우유와 카레를 접목해 지역 특유의 고토치라멘으로 정착했다. 아오모리에서 미소카레규뉴라멘을 가장 대표하는 유명한 식당은 '아지노삿포로 오오니시'다. 라멘은 그 양과 크기가 놀랄 정도로 많으며 스프는 카레향이 전체적으로 느껴지지만, 미묘하게 우유와 미소 된장의 맛이 교차한다. 굵은 곱슬 면은 단번에 삿포로식 면임을 알 수 있고, 전체적으로 대중적인 맛이라 부담 없이 느껴지는 게 특징이다.

네? 미소카레우유라멘이요??

이름만 들으면 뭔가 끔찍한 퓨전 라멘 같지만 알고 보면 천사 같은 라멘이 아오모리에 있습니다.

부드럽고 구수하며 향도 좋은 **미소카레규뉴라멘 (味噌カレー牛乳ラーメン)**입니다.

미소카레규뉴라멘을 처음 먹었을 때 어릴 적 기억이 떠올랐습니다.

친하게 지내던 형이 다 끓인 인스턴트 라면 위에 우유를 부어주었었죠. 처음엔 거부감이 들었지만 곧 그 맛에 감탄하게 되었습니다.

이후 미소카레규뉴라멘을 먹을 때면 옛 추억에 젖어 즐거운 마음으로 즐길 수 있었습니다.

아오모리역 근처에 있는 **'아지노삿포로 오오니시 (味の札幌 大西)'**라는 라멘집은 **미소카레규뉴라멘의 가장 대표적인 식당입니다.**

곱빼기처럼 보일 만큼 라멘 양이 상당히 많아 배고픈 사람에게는 축복과도 같은 곳입니다.

삿포로에서 전파된 미소라멘이 **아오모리**로 오게 되면서 **미소라멘 스프를 창조적으로 변형**하였는데요, 그 끝판왕이 바로 **미소카레규뉴라멘**이라는 생각이 듭니다.

CHAPTER 2
04

磯ラーメン
이소라멘

홋카이도 이와테현 구지시 고토치라멘

이소라멘
磯ラーメン

라멘 정보
라멘 종류: 시오라멘
스프 재료: 생선
염도: 매우 낮은 편
스프 농도: 매우 묽은 편
면 종류 : 곱슬 면
역과의 접근성: 약간 멈

SCAN
소울선기
YOUTUBE
이소라멘

기타하치쇼쿠도
喜多八食堂

영업 정보
추천메뉴: 스페셜우니라멘
スペシャルうにラーメン 1550엔
교통: JR 구지역(久慈駅)
에서 도보 29분
시간: 화-일 11:00-17:00
(정기휴일 월요일)

SCAN
기타하치쇼쿠도
라멘집
구글맵 링크

신선한 해산물 토핑이 가득한 라멘

일본 동북 지역 산리쿠 해안에 위치한 구지시(市)는 접근성이 떨어지는 편이다. 그래도 JR 패스를 사용한다면 도호쿠 신칸센을 타고 니노헤역에서 버스로 한 번에 가는 방법이 있고, 하치노헤까지 신칸센으로 이동해 재래선 열차로 구지역까지 갈 수 있다. '기타하치쇼쿠도'의 이소라멘은 각종 해산물 토핑이 잔뜩 올라가 있는 라멘임에도 저렴한 가격에 즐길 수 있다. 각 해산물 재료는 전부 싱싱하고 맛이 훌륭한데, 특히 성게알은 단맛이 출중하고 가리비와 게살의 식감이 매우 좋다. 곱슬하고 쫄깃한 면은 담백한 시오 스프와도 잘 어울린다. 다양한 해산물 요리도 준비되어 있으니 라멘과 함께 즐겨보자.

CHAPTER 2
05
釜石ラーメン
가마이시라멘

도호쿠 이와테현 가마이시시 고토치라멘

가마이시라멘
釜石ラーメン

라멘 정보

라멘 종류: 쇼유라멘

스프 재료: 닭, 생선

염도: 다소 낮은 편

스프농도: 다소 묽은 편

면 종류: 곱슬 면

역과의 접근성: 약간 가까움

SCAN
소울선기
YOUTUBE
가마이시라멘

신카엔
新華園 本店

영업 정보

추천 메뉴: 라멘

ラーメン 600엔

교통: JR 가마이시역(釜石駅)
에서 도보 11분

시간: 월-일 11:00-15:00 / 17:00-20:00
(정기휴일 화요일)

SCAN
신카엔
라멘집
구글앱 링크

이와테현 주민들로부터 오랜 기간 사랑받은 라멘

동북 지역의 대부분 고토치라멘은 간장을 사용한 스프가 주를 이룬다. 스프에는 보통 닭 뼈와 생선을 함께 사용하는데, 가마이시라멘은 생선계 육수에 간을 맞춘 가벼운 스프가 특징이다. 모리오카역에서 가마이시까지 재래선으로 2시간가량 소요되며, 열차에서 하차해 역 앞으로 나오는 순간 눈앞에 공장들이 펼쳐져 있어 철강 산업 도시다운 느낌을 단번에 받는다. 역에서 도보로 10분 정도 걸리는 '신카엔'은 가마이시라멘의 대표적인 라멘집이다. 담백한 스프는 무척 쫄깃한 곱슬 면과 잘 어울리며, 감칠맛이 뛰어난 맑은 스프를 한 입 떠먹으면, 긴 시간 동안 이곳까지 달려온 보람을 느끼게 해준다.

이소라멘에 이어 소개하는 고토치라멘은 **이와테현**(岩手県)의 **가마이시라멘**(釜石ラーメン)입니다.

이와테현에서 독자적으로 발전하고 지역민들로부터 꾸준히 사랑받아온 고토치라멘입니다.

일본 최대 철광산이 위치한 **이와테현 가마이시시(市)**는 일본 근대 제철산업의 발상지입니다.

제철 산업과 더불어 **어업**도 크게 발전했던 **1955년 경**, 제철소 부근을 중심으로 **외식 문화가 크게 발달**하면서 **가마이시라멘의 발전에 기여**하게 되었습니다.

2011년 3월 10일 가마이시라멘 친선회 설립 후 바로 그다음 날 **동일본 대지진**에 의해 큰 피해를 입는 안타까운 일이 있었습니다.

가마이시라멘은 생선계 육수에 간장으로 간을 맞춘, 가볍고 적당한 염도의 부담 없는 스프를 사용합니다.

얇은 굵기의 곱슬 면은 스프를 잘 머금을 뿐만 아니라 식감도 좋습니다.

하지만 이에 굴하지 않고 **그해 11월** 더 많은 라멘집이 모여 정식으로 협회를 설립하였습니다. 그리고 부흥을 목표로 오늘날에도 가마이시 거리에 활력을 북돋우며 많은 노력을 기울이고 있습니다.

라멘 여행 중 길에서 만난 이야기

가마이시에서 라멘을 맛있게 즐기고
오후나토 산마라멘을 만나러
사카리역으로 가는 길이었습니다.

2011년 동일본 대지진이 발생했을 때 산리쿠 해안
일대는 **쓰나미**로 큰 피해를 보았습니다.

그 중 **후다이 마을**은 쓰나미로부터 유일하게 온전히
마을을 지켜낼 수 있었습니다. 바로 **수문** 덕분이었지요.

사카리역으로 가는 기차 안에서 **후다이역**을 지날 즘
그 수문을 볼 수 있었습니다.

어떻게 이런 기적 같은 일이
가능했을까요?

후다이 마을은 **1896년, 1933년** 두 차례나
대형 쓰나미로 인해 큰 인명피해를 입었습니다.

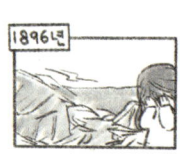

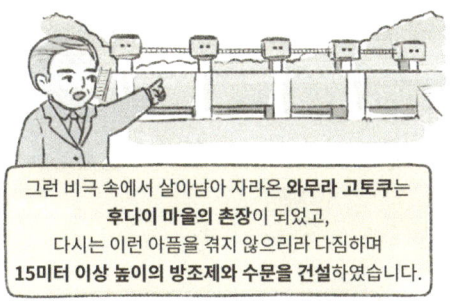

그런 비극 속에서 살아남아 자라온 **와무라 고토쿠**는
후다이 마을의 촌장이 되었고,
다시는 이런 아픔을 겪지 않으리라 다짐하며
15미터 이상 높이의 방조제와 수문을 건설하였습니다.

고토쿠 촌장은 1997년 그가 세상을 떠날
때까지도 마을 주민들로부터 예산을
낭비했다며 비난받아 왔습니다.

하지만 2011년 대지진으로 **14미터의 쓰나미**가
몰려왔을 때, 견고한 수문은 후다이 마을 주민들을
지켜주었습니다. **고토쿠 촌장의 고집이
마을을 살린 것입니다.**

고토쿠 촌장의 이야기는 라멘 기행을 하는 제게
강한 울림을 주었습니다.

그리고, **오늘도 다시 라멘을 먹으러 갑니다.**

CHAPTER 2
06

大船渡さんまら〜めん
오후나토산마라멘

도호쿠 이와테현 오후나토시 고토치라멘

오후나토산마라멘
大船渡さんまら〜めん

라멘 정보
라멘 종류: 쇼유라멘
스프 재료: 생선
염도: 보통
스프 농도: 다소 묽은 편
면 종류: 곱슬 면
역과의 접근성: 약간 멈

SCAN
소울선기
YOUTUBE
오후나토산마라멘

마루요시
美食厨房まるよし

영업 정보
추천 메뉴: 산마라멘
さんまラーメン 850엔
교통: JR 사카리역(盛駅)
에서 도보 46분
시간: 월-일 11:00-19:00
(정기휴일 목요일)

SCAN
마루요시
라멘집
구글앱 링크

통째로 튀긴 산마가 토핑으로 얹어진 라멘

일본 전국에서 산마(꽁치) 어획량이 가장 높은 이와테현 오후나토시(市)에는 산마를 라멘에 접목해 고토치라멘으로 발전시켜 왔다. 오후나토산마라멘의 가장 큰 특징은 산마를 통째로 넣어 라멘과 함께 즐기는 것인데, 다소 큰 크기에 부담스러울 수도 있지만 튀긴 산마는 적당한 염도와 감칠맛이 훌륭해 라멘의 토핑으로 무척 잘 어울리며 간장 베이스 스프, 곱슬면과 좋은 조합을 이루는 게 특징이다.

틈새 식당정보

CHAPTER 2
07

比内地鶏ラーメン
히나이지도리라멘

도호쿠 아키타현 오다테시 고토치라멘

히나이지도리라멘
比内地鶏ラーメン

라멘 정보
라멘 종류: 시오라멘
스프 재료: 닭
염도: 다소 낮은 편
스프 농도: 다소 묽은 편
면 종류 : 곱슬 면
역과의 접근성: 가까움

SCAN
소울선기
YOUTUBE
히나이지도리라멘

하나젠
花善

영업 정보
추천 메뉴: 히나이지도리시오라멘
比内地鶏塩ラーメン 880엔
교통: JR 오다테역(大館駅)
에서 도보 1분
시간: 월-일 6:30-19:00
(정기휴일 부정기적)

SCAN
하나젠
라멘집
구글맵 링크

명품 닭으로 만든 명품 라멘

일본 내 양계 방식에서 가장 까다로운 과정을 거치고 일반 닭의 성장 기간보다 3배나 긴 시간이 소요되는 히나이지도리는, 일본 3대 토종닭 중 가장 가격이 높게 책정된다. 닭 뼈를 사용해 만든 스프는 닭 특유의 감칠맛을 잘 느낄 수 있다. 오다테역 앞에 있는 '하나젠'은 히나이지도리를 사용한 라멘과 여러 종류의 음식을 판매하고 있고, 에키벤으로도 무척 유명한 식당이다. 히나이지도리라멘은 보통 간장을 사용한 쇼유라멘이 주를 이루지만, 하나젠의 히나이지도리라멘은 특별히 시오를 사용한다. 이곳 히나이지도리라멘의 스프는 맑고 담백하며 닭 다리 맛이 일품이다. 토리메시(닭고기를 섞어 넣고 지은 밥) 또한 에키벤 이상의 매력이 있으니 함께 즐기자.

일본을 대표하는 **3대 토종닭**(地鶏, 지도리)은 다음과 같습니다.

히나이지도리(比内地鶏)
- 아키타현(秋田県)

사츠마지도리(薩摩地鶏)
- 가고시마현(鹿児島県)

나고야코친(名古屋コーチン)
- 아이치현(愛知県)

그중 **아키타현**을 대표하는 **히나이지도리**를 사용하여 만든 **히나이지도리라멘** (比内地鶏ラーメン)을 소개합니다.

반갑습니다!

자, 그럼 히나이지도리라멘의 특징을 알아볼까요?

특징1 히나이지도리를 사용하여 만든 스프와 차슈

스프 차슈

특징2 맑은 쇼유 스프 & 전통 츄카소바 방식의 수수한 토핑

특징3 라멘 이름을 대부분 '히나이지도리라멘(比内地鶏ラーメン)'으로 이름 지음

히나이지도리라멘

짜란 아하

특징4 히나이지도리라멘과 더불어 히나이지도리를 사용한 다른 메뉴도 대부분 함께 판매

덮밥류 튀김

CHAPTER 2
08
十文字ラーメン
주몬지라멘

도호쿠 아키타현 요코테시 고토치라멘

주몬지라멘
十文字ラーメン

라멘 정보
라멘 종류: 쇼유라멘
스프 재료: 생선
염도: 보통
스프 농도: 매우 묽은 편
면 종류 : 곱슬 면
역과의 접근성: 약간 가까움

SCAN
소울선기
YOUTUBE
주몬지라멘

마루타마
元祖十文字中華そばマルタマ

영업 정보
추천 메뉴: 츄카소바
中華そば 500엔
교통: JR 주몬지역(十文字駅)
에서 도보 12분
시간: 월-일 11:00-19:00
(정기휴일 화요일)

SCAN
마루타마
라멘집
구글맵 링크

저렴한 가격은 덤, 아키타현의 명물 라멘

아키타현의 자랑인 주몬지라멘은 일본 전국에서 가장 가볍고 먹기 편한 스프를 자랑하는 고토치라멘이다. 이곳 라멘 면의 가늘기는 후쿠오카 하카타라멘 면과 견주어도 좋을 만큼 얇고 가늘다. 창업 89년째인 '마루타마'는 당시 이 지역에 거주하는 중국인들로부터 제면 기술을 전수 받아 라멘집을 운영한 오래 역사가 있는 식당이다. 생선계 스프는 매일 먹어도 질리지 않을 매력이 있고, 염도도 적당하다. 일본 소바에 가까운 형태의 면은 라멘에서는 극히 보기 드문 종류이며, 부드럽게 익혀진 면은 스프를 잔뜩 머금고 있다.

CHAPTER 2
09

酒田ラーメン
사카타라멘

도호쿠 야마가타현 사카타시 고토치라멘

사카타라멘
酒田ラーメン

라멘 정보

라멘 종류: 쇼유라멘

스프 재료: 생선

염도: 보통

스프 농도: 다소 묽은 편

면 종류 : 곱슬 면

역과의 접근성: 보통

SCAN
소울선기
YOUTUBE
사카타라멘

사카타라멘 쇼게츠
酒田ラーメン 照月

영업 정보

추천 메뉴: 완탕멘

ワンタンメン 830엔

교통: JR 사카타역(酒田駅)
에서 도보 22분

시간: 월-일 7:00-15:00

(정기휴일 부정기적)

SCAN
사카타라멘
쇼게츠
라멘집
구글맵 링크

맛있는 완탕과 함께 먹는 감칠맛 풍부한 라멘

야마가타현에 속해 있는 사카타는 야마가타, 쓰루오카시에 이어 야마가타현에서 세 번째로 인구가 많은 도시이며, 야마가타현 가장 좌측에 바다를 마주하고 있는 도시다. 도쿄에서 대중 교통으로 한 번에 접근하기엔 다소 거리가 있는데, 니가타에서 환승해 가는 방법이 가장 수월하다. 사카타라멘을 판매하는 대부분의 라멘집에서 완탕 토핑을 볼 수 있고, 자가제면을 사용한다. 특히 '사카타라멘 쇼게츠'는 제면한 면을 3일가량 숙성시켜 사용하는데, 덕분에 면의 쫄깃함을 잘 느낄 수 있다. 닭과 돼지 뼈 바탕의 스프에 도미를 중심으로 다시마와 가다랑어포 육수가 첨가되어 감칠맛이 풍부하다.

CHAPTER 2
10

토리모츠라멘
とりもつラーメン

도호쿠 야마가타현 신조시 고토치라멘

토리모츠라멘
とりもつラーメン

라멘 정보

라멘 종류: 쇼유라멘

스프 재료: 닭

염도: 보통

스프 농도: 약간 묽은 편

면 종류 : 납작 면

역과의 접근성: 약간 가까움

SCAN
소울선기
YOUTUBE
토리모츠라멘

잇사안
一茶庵 支店

영업 정보

추천 메뉴: 모츠라멘

もつラーメン 700엔

교통: JR 신조역(新庄駅)

에서 도보 13분

시간: 화-일 11:00-14:30 / 16:00-18:00

(정기휴일 월요일)

SCAN
잇사안
라멘집
구글맵 링크

닭 부속이 토핑으로 올라가는 특별한 라멘

야마가타 신칸센의 종착역인 신조는 도쿄나 일본 다른 지방에서 출장 온 일본인들이 꼭 한번은 찾아 먹는다는 토리모츠라멘이 있는 곳이다. 일본 다른 지역 고토치라멘에서 보기 힘든 닭의 부속 재료들이 토핑으로 나온다. '잇사안'은 산조 지역 1세대 토리모츠 라멘집으로, 오래된 역사와 더불어 지역 주민들에게 오랜 시간 사랑받아 온 이 지역 터줏대감이다. 나이 지긋한 어르신들이 라멘을 만들고 응대하는 식당 내부 분위기는 그 역사만큼 중후하다. 쌀국수 면과 비슷한 납작한 면이 특징이고, 테이블에는 간장 타레가 준비되어 있는데, 스프가 다소 느끼하다고 생각된다면 첨가해보도록 하자.

도호쿠 고토치라멘

CHAPTER 2
11

赤湯ラーメン
아카유라멘

도호쿠 야마가타현 난요시 고토치라멘

아카유라멘
赤湯ラーメン

라멘 정보

라멘 종류: 미소라멘
스프 재료: 닭, 돼지, 야채
염도: 보통
스프 농도: 보통
면 종류: 곱슬 면
역과의 접근성: 보통

SCAN
소울선기
YOUTUBE
아카유라멘

아카유라멘 류샹하이
赤湯ラーメン 龍上海

영업 정보

추천 메뉴: 아카유카라미소라멘
赤湯からみそラーメン 950엔
교통: JR 아카유역(赤湯駅)
에서 도보 24분
시간: 월-일 11:30-19:00
(정기휴일 수요일)

SCAN
아카유라멘
류상하이
라멘집
구글맵 링크

알싸한 스프가 한국인의 입맛에도 잘 맞는 라멘

일본 47개 도도부현 중 연간 개인 라멘 소비량이 항상 1위를 차지하는 야마가타현의 라멘 사랑은 특별하다. 야마가타현에만 네 개의 고토치라멘이 있는데, 이 지역에서 라멘이 얼마나 오랜 시간 동안 정착되고 발전되어 왔는지 알 수 있다. 아카유에는 매운 미소라멘의 원조 라멘집 '류샹하이'가 있는데, 삿포로 미소라멘의 원조 '아지노산페이'와 같은 시기에 영업을 시작한 오래된 역사가 있는 곳이다. 매운 미소라멘인 아카유라멘의 가장 큰 특징은 일반 미소라멘 위로 매운 양념이 큰 덩어리로 올라가 있다는 것이다. 적당한 매콤함이 된장 스프에 녹아들어 뛰어난 감칠맛을 자랑한다. 또한 씹는 식감이 좋은 굵은 곱슬 면은 류샹하이의 또 다른 자랑이다.

CHAPTER 2
12

米沢ラーメン
요네자와라멘

도호쿠 야마가타현 요네자와시 고토치라멘

요네자와라멘
米沢ラーメン

라멘 정보

라멘 종류: 쇼유라멘

스프 재료: 생선

염도: 보통

스프 농도: 약간 묽은 편

면 종류 : 곱슬 면

역과의 접근성: 보통

SCAN
소울선기
YOUTUBE
요네자와라멘

*요네자와규를 사용한 쇼게츠(お食事 松月)의 영상입니다.

아이즈야
羽前路そば処 あいづや

영업 정보

추천 메뉴: 요네자와라멘

米沢ラーメン 700엔

교통: JR 요네자와역(米沢駅)

에서 도보 17분

시간: 월-일 11:00-20:00

(정기휴일 화요일)

SCAN
아이즈야
라멘집
구글맵 링크

닭 부속이 토핑으로 올라가는 특별한 라멘

요네자와규는 고베규와 함께 맛있고 품질 좋은 소고기로 잘 알려져 있으며, 요네자와 지역 특산물이다. 당연히 요네자와규를 이용한 많은 라멘집을 요네자와역 주변에서 찾을 수 있다. 요네자와규를 사용한 스프는 설렁탕 국물과 비슷하여 친숙하게 느껴진다. '아이즈야'는 요네자와라멘을 판매하는 식당 중 대표적인 곳이며, 해산물을 사용한 손핀라멘과 소고기 육수를 사용한 만기리라멘을 판매한다. 시원한 스프가 인상적인 손핀라멘은 바다와 인접한 지역이 아님에도 해산물 토핑이 무척 싱싱하다. 만기리라멘은 동물 뼈 바탕에 생선이 첨가된 스프이며, 부드럽고 얇은 곱슬 면과 궁합이 좋다.

요네자와시(米沢市)는 야마가타현에 있는 작은 도시로 인구당 라멘집 밀도가 일본에서 가장 높은 곳 중 하나입니다.

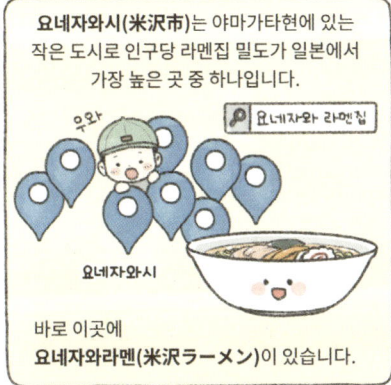

바로 이곳에 **요네자와라멘(米沢ラーメン)**이 있습니다.

요네자와라멘은 중국인이 운영하는 포장마차에서 탄생했습니다.

하지만 **1920년대 후반 대공황, 만주사변** 등을 겪으며 중일 관계가 악화되었고, 이로 인해 문을 닫는 라멘집이 많아졌습니다.

그러나 **1934년**부터는 중국인으로부터 라멘 제조법을 배워 라멘집을 창업하고 영업을 시작하는 일본인이 늘어났습니다.

'후쿠토메켄(福留軒)'과 '키요에(喜養栄)'라는 라멘집은 지금까지도 영업을 계속하고 있어요.

요네자와라멘은 주로 맑은 **쇼유스프**를 사용하며, 간혹 소기름을 사용하여 만들기도 합니다.

가수율(면에 포함된 수분)이 높은 면은 가늘고 탄력 있으며 곱슬곱슬합니다.

손핀라멘(そんぴんラーメン)과 **만기리라멘(まんぎりラーメン)**도 요네자와에서 빼놓을 수 없는 유명한 라멘입니다.

손핀라멘은 **여러 해산물 토핑**이 올라가는 것이 특징입니다. 내륙에 위치한 요네자와 지방 특색과는 어울리지 않지만, 이를 역으로 이용해 지역 명물로 만든 라멘입니다.

또한 **만기리라멘**은 요네자와의 명물 **요네자와규(米沢牛-소)**로 차슈를 만들어 올린다는 것이 특징입니다.

[틈새정보]
요네자와를 대표하는 고토치라멘은 요네자와라멘이지만, 손핀라멘의 인기 덕에 함께 유명해졌고 수도권에도 진출해 큰 인기를 얻고 있다고 하네요.

도호쿠 고토치라멘

CHAPTER 2

13

喜多方ラーメン
기타카타라멘

도호쿠 후쿠시마현 기타카타시 고토치라멘

기타카타라멘
喜多方ラーメン

라멘 정보

라멘 종류: 쇼유라멘
스프 재료: 돼지, 멸치
염도: 보통
스프 농도: 약간 묽은 편
면 종류 : 곱슬 면
역과의 접근성: 약간 가까움

SCAN
소울선기
YOUTUBE
기타카타라멘

반나이쇼쿠도
坂内食堂

영업 정보

추천메뉴: 시나소바
支那そば 800엔
교통: JR 기타카타역(喜多方駅)
에서 도보 16분
시간: 월-일 7:00-17:50
(정기휴일 수, 목요일)

SCAN
반나이쇼쿠도
라멘집
구글맵 링크

알싸한 스프가 한국인의 입맛에도 잘 맞는 라멘

후쿠오카 인구 약 150만 명, 삿포로는 약 190만 명, 반면 일본 3대 라멘으로 불리는 기타카타의 인구는 4만 명이 조금 넘는다. 그럼에도 기타카타라멘은 일본 3대 라멘으로 자리 잡았다. '반나이쇼쿠도'는 기타카타에서 가장 유명한 라멘집답게 훌륭한 맛을 자랑한다. 맑은 스프는 보기와는 다르게 돼지 뼈와 멸치 육수의 깊은 감칠맛이 느껴지고, 쫄깃한 식감의 상당히 굵은 곱슬 면은 왜 기타카타가 일본의 3대 라멘이 되었는지 단번에 알게 해준다. 차슈 또한 돼지고기 잡내 없이 부드러운 식감이 일품이다.

CHAPTER 2
14

白河ラーメン
시라카와라멘

도호쿠 후쿠시마현 시라카와시 고토치라멘

시라카와라멘
白河ラーメン

라멘 정보
라멘 종류: 쇼유라멘
스프 재료: 돼지, 닭
염도: 보통
스프 농도: 약간 묽은 편
면 종류 : 수타면
역과의 접근성: 멈

SCAN
소울선기
YOUTUBE
시라카와라멘

토라쇼쿠도
手打中華そば とら食堂

영업 정보
추천 메뉴: 테우치츄카소바
手打中華そば 850엔
교통: JR 시라카와역(白河駅)
에서 도보 68분
시간: 화-일 11:00-14:30 / 16:00-18:00
(정기휴일 월요일)

SCAN
토라쇼쿠도
라멘집
구글맵 링크

이름처럼 수타면의 끝판왕

일본 3대 라멘인 기타카타라멘에 비견해도 손색이 없는 시라카와라멘은 대나무를 이용한 수타면으로 일본 전역에 소문이 자자하다. 그 명성은 '토라쇼쿠도'로부터 시작되었는데, 논과 들판이 펼쳐진 산속 동네에 있는 토라쇼쿠도의 본점은 찾아가기가 무척 어려운 곳이다. 평일임에도 점심시간에 긴 대기 줄을 찾아볼 수 있는 토라쇼쿠도. 명성만큼 면의 식감이 대단하다. 씹으면 씹을수록 은은한 단맛이 나는 면은 동물 뼈 바탕의 간장 스프와 환상의 조합을 이룬다. 염도도 담백하고 대중들에게 맛있게 어필될만한 탄탄한 매력을 지녔다.

시내가 아닌 작은 시골에 있지만, 그 인기 덕분에 늘 대기인원이 많답니다!!

후쿠시마현(福島県) 시라카와시(白河市)에는 '토라쇼쿠도(とら食堂)'라는 라멘집이 있습니다.

토라쇼쿠도는 시라카와라멘(白河ラーメン)을 일본 전역으로 알린 일등공신입니다.

이곳은 **수타면**을 사용하는데요, 수타에 대한 프라이드가 아주 강합니다.

↙ 3일 숙성

손으로 반죽해 곱슬거리게 만든 굵은 면을 3일정도 숙성시켜 부드러운 식감이 되도록 만듭니다.

정성 들여 만든 수타면이 들어간 시라카와라멘은

돼지와 닭뼈를 베이스로 한 **청탕스프**와 **심플하지만 맛있는 토핑**들이 어우러져 깊고 깔끔한 맛을 냅니다.

토라쇼쿠도에서 수타로 라멘 만드는 법을 배운 제자들은 여전히 **스승의 뜻을 이어가며** 일본 전역에서 시라카와라멘을 알리고 있습니다.

멋진 장인정신!

'시라카와테우치츄카소바 호류' (白河手打中華そば 法隆)

에서 판매중인 시라카와라멘. 토라쇼쿠도 출신 제자의 식당답게 역시나 수타면입니다.

도호쿠 고토치라멘

#도호쿠 지역 에피소드
하나마키의 소박한 라멘집

지금은 맘먹으면 쉽게 찾아볼 수 있지만 십여 년 전만 해도 한국에서 라멘에 관한 콘텐츠를 찾기는 쉽지 않았습니다. 일본 케이블 방송에서 나오던 라멘 투어 영상이 전부였던 2010년 초반, 영상 대부분은 일본 지역별 고토치라멘에 관한 내용이었고 저는 심취해있었습니다. 그리고 드디어 영상에 있는 라멘집들을 가볼 기회가 생겼을 때, 가장 먼저 동북 지역의 하나마키를 가기로 했습니다.

이와테현의 작고 아름다운 도시 하나마키에는 소박하고 오래된 라멘집 '츄카소바 다케코마'가 있습니다. 이곳은 나무 장작으로 불을 피워 라멘을 만들고 있고 십여 년 넘게 350엔의 가격을 유지하고 있는 곳입니다. 은은한 중불로 끓여지고 만들어진 소박한 츄카소바가 영상에서조차 어찌나 먹음직스러워 보이던지요!

이윽고 도쿄에서 오래 달려 도착한 하나마키역. 역에서 또다시 한동안 걸어 드디어 도착한 '츄카소바 다케코마'. 그런데 영업을 알리는 노렌이 걸려있지 않습니다. 어찌 된 영문인지 모른 채 아쉬워하던 그때, 영상에서 뵙던 할머니께서 나오셔서 오랜 태풍으로 장작 수급이 되지 않아 영업할 수 없다고 무척 미안해하셨습니다. 영상을 보고 이곳에 왔다고 말씀드리자, 주름진 얼굴에 환한 미소를 지으십니다. 차슈만이라도 먹어 보라며 두 장의 고깃덩어리를 건네주십니다. 그리고 기념이 될만한 작은 컵을 선물로 주시는데, 왠지 돌아가신 할머니가 생각나 눈물이 맺힙니다. 오래된 목조 미닫이문을 덜그럭 열고 길을 나서는데, 할머님은 마치 손자를 배웅하듯 오래 그 자리에 서서 웃어주셨습니다. 다시 찾아가 보려 마음먹었던 2023년 무렵 결국 폐업 소식을 듣게 되었습니다.

맛을 떠나 추억이 깃든 라멘은 잊기 힘듭니다. 제 기억 속에도, 사진 속에도, 그리고 기록 속에도, 하나마키의 소박한 라멘집은 따스한 추억으로 남아 있을 것입니다.

영원히.

CHAPTER 03
간 토

간토 지도

간토

1. 토후미소라멘
2. 사노라멘
3. 조슈후지오카라멘
4. 기류교자라멘
5. 사이타마스타미나라멘
6. 타케오카시키라멘
7. 가쓰우라탄탄멘
8. 아리랑라멘
9. 후나바시소스라멘
10. 화이트가우라멘
11. 하치오지라멘
12. 산마멘

1 히타치시
2 사노시
3 후지오카시
4 기류시
5 사이타마시
6 훗츠시
7 가쓰우라시
8 조세이군
9 후나바시시
10 소데가우라시
11 하치오지시
12 요코하마시

CHAPTER 03 간토

CHAPTER 3
01 토후미소라멘
豆腐みそラーメン

간토 이바라키현 히타치시 고토치라멘

토후미소라멘
豆腐みそラーメン

라멘 정보

라멘 종류: 미소라멘
스프 재료: 돼지, 야채
염도: 보통
스프 농도: 보통
면 종류 : 일직선 면
역과의 접근성: 약간 가까움

SCAN
소울선기
YOUTUBE
토후미소라멘

텐카이치
天下一らーめん

영업 정보

추천 메뉴: 토후미소라멘
豆腐味噌ラーメン 800엔
교통: JR 오미카역(大甕駅)
에서 도보 8분
시간: 월-토 18:00-24:00
(정기휴일 일요일)

SCAN
텐카이치
라멘집
구글맵 링크

부드러운 두부와 미소 스프의 조화로움

토후미소라멘으로 유명한 이바라키현의 미토시(市)는 도쿄에서 특급열차로 약 한 시간 반 거리에 있다. 이름에서 보이듯, 토후미소라멘은 두부와 미소를 이용한 고토치라멘이다. 토핑 중 특이한 것은 적색과 짙은 보라색을 띤 아카네기인데, 파의 종류 중 하나인 아카네기는 이바라키현의 특산물이다. 향이 풍부해서 맑은 된장국처럼 은은한 토후미소라멘의 스프와도 궁합이 대단히 좋다. 일본 여느 미소라멘과는 차이점이 있는데, 마치 우리나라 된장찌개처럼 느껴진다. 스프는 농후하지 않으며 부드러운 면과 연한 식감의 두부와 잘 어우러진다.

오늘도 역시 들뜬 마음으로 라멘집을 찾아왔습니다.

가게 안으로 들어서자 흘러나오는 라디오 소리에
왠지 모르게 마음이 차분해졌습니다.
단골손님으로 보이는 한 분과 마스터, 저 이렇게 셋이 전부였습니다.

카운터석에 앉아 주저 없이
토후미소라멘(豆腐みそラーメン)을 주문했습니다.

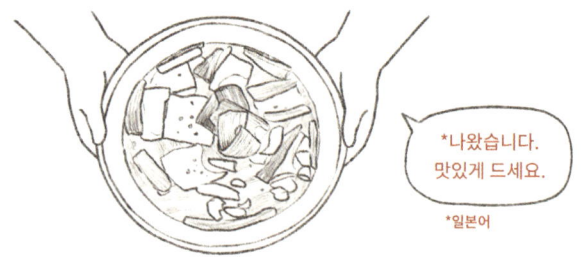

스프를 한 모금 떠먹어 보니
익숙한 우리나라 된장찌개 맛이 느껴졌습니다.

은은한 감칠맛이 느껴지는 미소스프와 부드러운 두부는
한겨울 추위에 얼어있던 저의 몸을 따뜻이 안아주는 듯했습니다.

라멘 한 그릇으로 그날 하루 전부의 행복을 산 기분이었습니다.

CHAPTER 3
02

佐野ラーメン
사노라멘

간토 도치기현 사노시 고토치라멘

사노라멘
佐野ラーメン

라멘 정보

라멘 종류: 쇼유라멘
스프 재료: 돼지, 닭
염도: 다소 짠 편
스프 농도: 조금 묽은 편
면 종류 : 수타면
역과의 접근성: 가까움

SCAN
소울선기
YOUTUBE
사노라멘

멘야요우스케
麺屋 ようすけ 本店

영업 정보

추천 메뉴: 차슈멘
チャーシューメン 1250엔
교통: 도부사노선 다지마역(田島駅)
에서 도보 2분
시간: 월-금 11:00-14:30 / 17:00-21:00
토, 일 11:00-21:00 (정기휴일 화요일)

SCAN
멘야요우스케
라멘집
구글맵 링크

간토 지역 수타면의 자존심

동북 지역 수타면을 대표하는 것이 시라카와라멘이라면, 간토 지역 수타면의 자존심은 도치기 사노시(市)에서 지키고 있다. 사노라멘은 시라카와라멘과 마찬가지로 대나무 봉으로 반죽해서 만든 면을 사용하는데, 면의 굵기와 가수율은 식당마다 다르지만 대체로 굵은 곱슬 면을 사용한다. '멘야요우스케'는 사노라멘으로 가장 유명한 라멘집인데, 사노라멘 면 특유의 쫄깃한 식감이 감칠맛이 훌륭한 간장 스프와 잘 어울린다. 식당 안 손님들 대부분은 라멘이 나오자마자 후추를 뿌려 먹는데, 후추의 매콤함이 스프, 부드럽고 육향이 좋은 차슈, 식감이 좋은 면과 함께 잘 어우러진다.

사노라면 언젠가 꼭 한 번쯤 먹어보면 좋은 라멘은 바로 **사노라멘(佐野ラーメン)**입니다.

*타베로그: 일본의 맛집을 총정리 해 놓은 사이트입니다. 레스토랑, 라멘, 스위츠, 런치 네 개의 큰 카테고리로 나누어져 있어요.

도치기현(栃木県) 사노시(佐野市)에서 만들어진 사노라멘은 수도권 지역의 인기 고토치라멘인데요,

그래서인지 *타베로그 점수가 **3.6점 이상**인 라멘집들을 많이 찾아볼 수 있습니다.

이렇게 많은 사랑을 받는 사노라멘은 **연한 쇼유스프**나 **시오스프**가 대부분이고,

대나무 봉으로 반죽해 만든 곱슬곱슬한 면은 쫄깃한 식감을 가지고 있습니다.

사노라멘과 교자(일본 만두)를 함께 주문해 든든하게 한 끼 드셔보시길 추천합니다.

도쿄와 제법 가까운 지역이라 접근성도 좋으니 꼭 한번 도전해 보세요.

CHAPTER 3
03
上州藤岡 ラーメン
조슈후지오카라멘

간토 군마현 후지오카시 고토치라멘

조슈후지오카라멘
上州藤岡 ラーメン

라멘 정보
라멘 종류: 쇼유라멘
스프 재료: 생선
염도: 보통
스프 농도: 조금 묽은 편
면 종류 : 납작 면
역과의 접근성: 약간 가까움

SCAN
소울선기
YOUTUBE
조슈후지오카라멘

미야고쇼쿠도
みやご食堂

영업 정보
추천 메뉴: 츄카소바
中華そば 700엔
교통: JR 군마후지오카역(群馬藤岡駅)
에서 도보 15분
시간: 화-일 11:00-14:00
(정기휴일 월,수,금요일)

SCAN
미야고쇼쿠도
라멘집
구글맵 링크

라멘의 정석이 바로 이런 모습일까?

맑은 간장 바탕 스프 안에 굵은 면이 가득 들어가 있고, 그 위에 차슈, 김, 멘마, 시금치가 둥글게 올려지면서 중심엔 나루토마키 토핑이 두 장 올려져 있는 라멘. 일본 애니메이션이나 만화책에서 볼 법한 모습이다. 조슈후지오카 라멘의 상징과도 같은 '미야고쇼쿠도'는 다카사키에서 가장 유명한 라멘집이며, 나이 많은 내외분이 운영하는 곳이다 보니 점심시간만 영업하고 주중 휴무일도 주 3일로 많은 편이다. 은은한 생선 향이 풍기는 담백한 스프는 후추를 첨가하면 감칠맛을 더 잘 느낄 수 있고, 납작한 면의 식감은 꽤 단단하다. 기본 라멘임에도 면의 양이 상당히 많고 가격이 저렴한 게 특징이다.

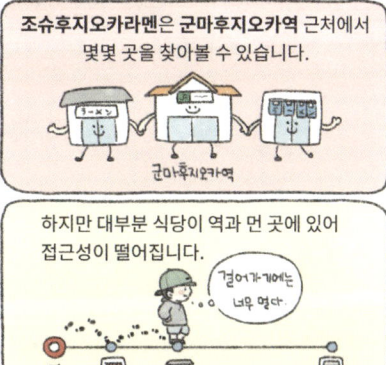

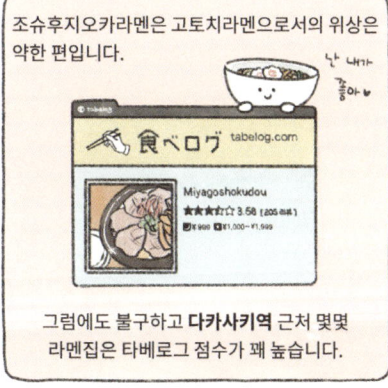

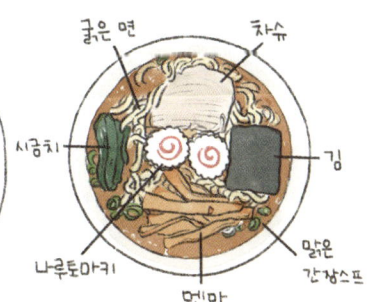

CHAPTER 3
04
桐生餃子ラーメン
기류교자라멘

간토 군마현 기류시 고토치라멘

기류교자라멘
桐生餃子ラーメン

라멘 정보
라멘 종류: 시오라멘
스프 재료: 돼지, 닭
염도: 보통
스프 농도: 보통
면 종류: 일직선 면
역과의 접근성: 보통

SCAN
소울선기
YOUTUBE
기류교자라멘

만푸쿠쇼쿠도
萬福食堂

영업 정보
추천 메뉴: 교자멘
餃子メン 830엔
교통: JR 기류역(桐生駅)
에서 도보 20분
시간: 월-일 11:30-14:30 / 17:00-20:00
(정기휴일 화요일)

SCAN
만푸쿠쇼쿠도
라멘집
구글맵 링크

만두가 아닌 만두소가 올려진 독특한 라멘

기류교자라멘은 군마현 기류시에 속한 고토치라멘으로, 교자라멘이라는 이름에서 알수 있듯이 교자와 관련된 토핑이 올라간다. 하지만 우리가 흔히 생각하듯 라멘에 토핑으로 만두가 올라간 게 아니라, 만두소가 면 위로 토핑되어 나오는, 보기 드문 고토치라멘이다. 스프와 각종 채소, 고기와 면을 즐기다 보면 마치 만둣국을 먹는듯한 묘한 착각에 빠진다. 기류교자라멘 스프는 밥과도 무척 잘 어울리니 추가로 주문해 보자.

인스턴트 라면에 만두를 넣어 끓여 먹는 **만두라면**은 우리나라에서 흔히 볼 수 있습니다.

재미있게도 군마현 **기류시(桐生市)**에는 라멘 토핑으로 만두소를 넣는 **기류교자라멘(桐生餃子ラーメン)**이 있습니다.

탕국처럼 맑은 국물에 각종 채소와 돼지고기로 만든 만두소가 라멘 위에 한가득 올려져 나옵니다.

기류교자라멘을 판매하는 라멘집에서는 대부분 여러 중화요리도 함께 판매하고 있습니다.

CHAPTER 3
05 사이타마 스타미나라멘
スタミナラーメン

간토 사이타마현 사이타마시 고토치라멘

사이타마 스타미나라멘
スタミナラーメン

라멘 정보
라멘 종류: 탄탄멘
스프 재료: 돼지, 닭
염도: 다소 짠 편
스프 농도: 다소 진한 편
면 종류 : 일직선 면
역과의 접근성: 가까움

SCAN
소울선기
YOUTUBE
사이타마
스타미나라멘

냥냥 키타우라와텐
娘々 北浦和店

영업 정보
추천 메뉴: 스타미나라멘
スタミナラーメン 600엔
교통: JR 기타우라와역(北浦和駅)
에서 도보 3분
시간: 목-일 12:00-14:30 / 16:30-19:00
(정기휴일 월, 화, 수요일)

SCAN
냥냥
키타우라와텐
라멘집
구글맵 링크

한국인에게도 맵게 느껴지는 라멘이라니

일본에서 매운 음식 찾기란 무척 어렵다. 또한 한국인이 생각하는 '매운맛'의 기준 강도를 일본에 적용하기도 어렵다. 하지만 간토 지역 사이타마 스타미나라멘은 다르다. 특히 '냥냥 키타우라와텐'의 사이타마 스타미나라멘은 한국인에게도 맵게 느껴지는 라멘이다. 짧은 길이의 면은 묽고 눅진한 중화풍 스프와 잘 어울리며 돼지고기와 부추, 양파, 마늘, 생강이 첨가되는 토핑이 매운 스프와 함께 더욱 향미를 증진시키는데, 먹는 동안 얼굴에 땀이 날 정도이다. 오랜만에 매운 음식을 먹으니 힘이 불끈 솟는 것 같다. 역시 한국인이라서일까.

이름만 들어도 몸에 좋을 것 같은
스타미나라멘은 일본 여러
지역에서 찾아볼 수 있습니다.

'스테미너에 좋은 라멘'을 만들고자 하는 신념을 담아
소고기나 **돼지고기, 부추, 양파, 마늘, 생강**을 토핑으로 사용합니다.

오늘은 **사이타마현(埼玉県) 사이타마시(さいたま市)**에 있는
'**냥냥 기타우라와텐(娘々 北浦和店)**'이라는 라멘집에
사이타마 스타미나라멘(さいたま スタミナラーメン)을 먹으러 왔습니다.

가게에 들어서자마자 친숙하고 반갑게 **"어 왔어?"**라는 듯
인사하는 사장님 덕분에 무척 기분이 좋아졌습니다.

사이타마 스타미나라멘을 주문하고 기다립니다.

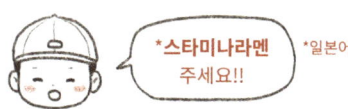

간토 고토치라멘

사장님은 50대 정도 되어 보이는 손님 몇 분과 학창 시절
이야기를 나누며 즐겁게 대화 중이었습니다.

그 모습을 보니 제 어린 시절 단골 분식점이 생각났습니다.

옛 추억에 잠겨있던 중 옆 테이블 손님의
콜록거리는 소리에 정신을 차리게 되었습니다.

오늘도 외쳐봅니다. **라멘은 나의 힐링파워!!**

CHAPTER 3
06
竹岡式ラーメン
타케오카시키라멘

간토 치바현 훗츠시 고토치라멘

타케오카시키라멘
竹岡式ラーメン

라멘 정보
라멘 종류: 쇼유라멘
스프 재료: 돼지, 닭
염도: 다소 짠 편
스프 농도: 보통
면 종류 : 곱슬 면
역과의 접근성: 약간 멈

SCAN
소울선기
YOUTUBE
타케오카시키라멘

우메노야
梅乃家

영업 정보
추천 메뉴: 라멘
ラーメン 950엔
교통: JR 다케오카역(竹岡駅)
에서 도보 35분
시간: 월-일 10:00-18:00
(정기휴일 화,수요일)

SCAN
우메노야
라멘집
구글맵 링크

타케오카시키라멘의 진수를 맛보고 싶다면

타케오카시키라멘의 상징과도 같은 '우메노야'는 도쿄에서 특급열차와 일반 재래선 열차를 환승해 타고 오면 3시간 정도 거리에 있다. 치바현에서도 꽤 먼 거리에 있지만, 이곳이야말로 타케오카시키라멘 본연의 맛을 만끽할 수 있는 라멘집이다. 이곳은 건조된 면을 사용하는데, 일본 라멘집을 통틀어 극히 드문 면 사용 방식이다. 또한 일본 간장 특유의 씁쓸한 맛을 풍부하게 느낄 수 있다. 입속 가득 육향이 퍼지는 굵은 차슈는 우메노야의 라멘을 더욱 매력적으로 만든다.

CHAPTER 3
07

勝浦タンタンメン
가쓰우라탄탄멘

간토 치바현 가쓰우라시 고토치라멘

가쓰우라탄탄멘
勝浦タンタンメン

라멘 정보

라멘 종류: 탄탄멘
스프 재료: 돼지, 닭 ,깨
염도: 다소 짠 편
스프 농도: 보통
면 종류 : 일직선 면
역과의 접근성: 약간 가까움

SCAN
소울선기
YOUTUBE
가쓰우라탄탄멘

타마야
たまや

영업 정보

추천 메뉴: 가쓰우라탄탄멘
勝浦タンタンメン 850엔
교통: JR 가쓰우라역(勝浦駅)
에서 도보 6분
시간: 화-금 11:30-13:30 월-토18:00-22:30
(정기휴일 일요일)

SCAN
타마야
라멘집
구글맵 링크

고추기름으로 칼칼하게 맛을 낸 탄탄멘

가쓰우라탄탄멘은 어업이 발달한 치바현 남동부에 있는 가쓰우라시(市)에 속한 고토치라멘이다. 일반적으로 일본에서 판매되는 탄탄멘에는 참깨가 많이 첨가되는 것에 비해 가쓰우라탄탄멘은 고추기름에 집중하는 탄탄멘이다. 타마야의 탄탄멘은 칼칼하고 고소한 스프에 눅진하게 잘 볶아진 양파 토핑이 잘 어울린다. 맵기는 상당히 매운 편이다. 대부분의 일본 사람들은 콜록거리면서 탄탄멘을 즐기고 있을 정도. 사이드 메뉴인 가라아게는 바삭한 식감이 좋으니 함께 즐겨보자.

치바현 3대 라멘 중 또 다른 라멘을 소개하겠습니다.
바로 가쓰우라탄탄멘(勝浦タンタンメン)입니다!!
가쓰우라시(勝浦市)를 대표하는 라멘이죠.

가쓰우라시는 태평양과 인접하고 있어 **어업이 발달**했습니다.
항만에서 일하는 **어부**와 **해녀**들이 가쓰우라탄탄멘을 즐겨 먹게 되면서 **고토치라멘**으로 발전하게 되었습니다.

가쓰우라탄탄멘의 특징

기본 토핑은 **돼지고기 *민스(Mince)와 양파, 쇼유 베이스 *타레, 고추기름**이 주로 올라가지만, 식당마다 다른 토핑들이 첨가될 수 있음.

'가쓰우라탄탄멘(勝浦タンタンメン)'이라는 명칭은 등록상표로서 특허청에 등록되어 있음.

대부분의 가쓰우라탄탄멘은 라멘 그릇 가득 스프가 담겨 나오지만, 자작하게 내어지는 곳도 있습니다.

그리고 신기하게도, 라멘 전문점이 아닌 여러 식당에서도 가쓰우라탄탄멘을 판매하는 것을 볼 수 있습니다.

*민스: 분쇄육. 일본에서는 '민찌'라고도 부른다.
*타레: 간장, 설탕, 청주 등을 넣어만든 양념 간장

일본에서는 여자아이의 성장과 행복을 기원하는 축제인 '**히나 마쓰리**'가 **3월 3일**에 열립니다.
가쓰우라시에서도 **매년 2월부터 3월까지** '**빅 히나 마쓰리**' 축제가 열리는데, 이곳에서 무수히 많은 히나 인형들을 볼 수 있답니다.
가쓰우라탄탄멘과 함께 '**빅 히나 마쓰리 축제**'도 즐겨보시면 어떨까요?

간토 고토치라멘

CHAPTER 3
08

アリランラーメン
아리랑라멘

간토 치바현 조세이군 고토치라멘

아리랑라멘
アリランラーメン

라멘 정보
라멘 종류: 쇼유라멘
스프 재료: 돼지, 닭
염도: 보통
스프 농도: 보통
면 종류 : 일직선면
역과의 접근성: 멈

SCAN
쇼울선기
YOUTUBE
아리랑라멘

하치베에노쇼쿠도
八平の食堂

영업 정보
추천 메뉴: 아리랑차슈
アリランチャーシュー 1300엔
교통: JR 모바라역(茂原駅)
에서 도보 120분
시간: 월-일 11:00-18:15
(정기휴일 수요일)

SCAN
하치베에노쇼쿠도
라멘집
구글맵 링크

아리랑 고개를 넘어 아리랑라멘

일본 라멘집에서 판매하는 라멘 이름이 아리랑라멘이라면 한국인들은 무척 관심을 기울일 수밖에 없을 것이다. 우리가 아는 그 아리랑이 맞는데, 실제로 '하치베에노쇼쿠도'를 찾아가기란 아리랑 고개를 넘어가는 것만큼 쉽지 않다. 산 중턱에 있는 하치베에노쇼쿠도를 찾아가기 위해서는 특급열차와 버스, 그리고 도보로 꽤 오랜 시간 걸어가야 한다. 아리랑라멘의 매콤한 스프는 마늘, 양파, 부추와 잘 어우러져 감칠맛이 무척 좋아 절로 밥이 생각난다. 자가제면한 면은 굵기가 상당히 굵고 식감도 쫄깃하다. 푹 삶아져 식감이 부드러운 차슈는 이곳의 가장 인기 있는 토핑이라 재료 소진이 자주 되니 주문 시 미리 차슈 추가는 필수.

CHAPTER 3
09 船橋ソース ラーメン
후나바시소스라멘

간토 치바현 후나바시시 고토치라멘

후나바시소스라멘
船橋ソース ラーメン

라멘 정보
라멘 종류: 쇼유라멘
스프 재료: 돼지, 야채
염도: 다소 짠 편
스프 농도: 보통
면 종류 : 일직선 면
역과의 접근성: 약간 가까움

SCAN
소울선기
YOUTUBE
후나바시소스라멘

다이렌
大筆

영업 정보
추천 메뉴: 소스라멘 + 햄카츠
ソースラーメン+ハムカツ 980엔
교통: 게이세이후나바시역(京成船橋駅)
에서 도보 4분
시간: 화, 일 11:30-14:00 수-토 11:30-14:00 / 17:00-20:30 (정기휴일 월요일)

SCAN
다이렌
라멘집
구글맵 링크

다소 불량한, 야키소바 같은 라멘

후나바시소스라멘의 대표 식당 '다이렌'은 창업한 지 50년이 넘었으며, 도쿄역에서 30여 분 거리에 있는 JR 후나바시역에 가깝게 있다. 야키소바에서 풍길법한 묘한 향기가 후나바시소스라멘에서 나는데, 약간의 산미가 감도는 스프엔 굴 소스가 첨가되어 있다. 유년 시절의 기억을 떠올릴법한 바삭하게 튀겨진 햄카츠는 라멘의 가장 중요한 토핑. 살짝 데친 양배추와 굵은 숙주 토핑은 아삭거리는 식감이 좋고, 빨간 베니쇼가는 자칫 느끼할 수 있는 라멘에 좋은 반찬 역할을 하고 있다. 면 깊숙이 스며든 후나바시소스라멘의 스프는 개성 넘치는 향과 맛을 짜릿하게 선사한다.

CHAPTER 3

10

ホワイトガウ ラーメン
화이트가우라멘

간토 치바현 소데가우라시 고토치라멘

화이트가우라멘
ホワイトガウ ラーメン

라멘 정보
라멘 종류: 시오라멘
스프 재료: 우유, 소금, 생강, 마늘
염도: 보통
스프 농도: 보통
면 종류 : 일직선 면
역과의 접근성: 가까움

SCAN
소울선기
YOUTUBE
화이트가우라멘

유부네스키친
湯舞音's kitchen

영업 정보
추천 메뉴: 화이트가우라멘
ホワイトガウ ラーメン 980엔
교통: JR 소데가우라역(袖ヶ浦駅)
에서 도보 5분
시간: 월-일 9:00-24:00
(정기휴일 부정기적)

SCAN
유부네스키친
라멘집
구글맵 링크

신선한 우유의 진한 맛이 느껴지는 독특한 라멘

'유부네스키친'은 JR 소데가우라역에 근접한 스파 센터 안 푸드코트에 자리 잡고 있다. 꼭 스파 이용 고객이 아니더라도 식사를 즐길 수 있다. 정문으로 입장 후 신발을 신발장에 넣고 잠근 뒤 키를 가지고 들어간다. 이후 키오스크에서 주문 및 결제하는 방식으로 이용한다. 화이트가우라멘 스프는 부드러운 우유 바탕에 생강 향기가 풍기며, 짭조름한 스프가 푹 익혀진 면과 만나, 마치 파스타를 먹는 듯한 착각에 빠진다. 우유와 라멘의 조합이 이상하게 느껴질 수도 있지만 크림 스파게티를 좋아한다면 꼭 한 번 도전해보길 추천하는 고토치라멘이다.

CHAPTER 3

11 八王子ラーメン
하치오지라멘

간토 도쿄도 하치오지시 고토치라멘

하치오지라멘
八王子ラーメン

라멘 정보
라멘 종류: 쇼유라멘
스프 재료: 닭, 생선
염도: 보통
스프 농도: 다소 묽은 편
면 종류 : 일직선 면
역과의 접근성: 가까움

SCAN
소울선기
YOUTUBE
하치오지라멘

빈빈테이
中華そば専門店 びんびん亭 本店

영업 정보
추천 메뉴: 라멘
ラーメン 700엔
교통: JR 하치오지역(八王子駅)
에서 도보 6분
시간: 월-일 11:00-24:00
(정기휴일 부정기적)

SCAN
빈빈테이
라멘집
구글맵 링크

고추기름으로 칼칼하게 맛을 낸 탄탄멘

도쿄역에서 약 1시간가량 추오선 일반 열차를 타고 가면 하치오지시(市)에 도착한다. 전국에서 가장 많은 라멘집이 있는 도쿄인 만큼, 타베로그 3.7점 이상의 상당한 수준의 하치오지라멘을 많이 만나볼 수 있다. 특히 접근성 면에서 아주 훌륭한 '빈빈테이'는 브레이크 타임 없이 운영되고 있고, 전형적인 하치오지라멘을 만날 수 있다. 적당한 생선 향이 은은하게 입속에 퍼지는 스프는 염도가 적당해 먹기 편하다. 잘게 썬 양파 조각들이 특유의 알싸함을 풍기며 부드러운 면 사이사이로 파고들어, 함께 먹었을 때 풍미가 배가 된다.

CHAPTER 3
12

サンマーメン
산마멘

간토 가나가와현 요코하마시 고토치라멘

산마멘
サンマーメン

라멘 정보
라멘 종류: 쇼유라멘
스프 재료: 닭, 야채
염도: 보통
스프 농도: 보통
면 종류 : 일직선 면
역과의 접근성: 약간 가까움

SCAN
소울선기
YOUTUBE
산마멘

교쿠센테이
中国料理 玉泉亭

영업 정보
추천 메뉴: 산마멘サンマーメン 800엔
교통: JR 간나이역(関内駅)
에서 도보 12분
시간: 월-일 11:00-18:30
(정기휴일 화요일)

SCAN
교쿠센테이
라멘집
구글맵 링크

불향을 머금은 아삭한 토핑이 너무나 맛있는 라멘

요코하마의 이에케라멘은 일본 전역을 넘어 한국까지 그 인기를 실감케 한 유명한 라멘이지만, 요코하마의 고토치라멘은 아니다. 요코하마라멘은 차이나타운에 성행했던 포장마차로부터 시작되었는데, 맑은 스프에 가느다란 중국식 면을 사용한 전통을 이어받아 만들어진 고토치라멘이 있으니 그것이 바로 산마멘이다. '교쿠센테이'의 산마멘은 한국의 여느 중국집 울면 국물처럼 묽은 형태의 스프이다. 무척 뜨거우므로 주의해야 한다. 불 향이 가득 입혀진 각종 채소 토핑은 아삭하고, 잘 익혀진 고기는 향이 좋다. 적당히 익혀진 단단한 식감의 뜨거운 일직선 면은 묽은 스프를 잔뜩 머금고 있어 더욱 맛있다.

*쇼와: 쇼와 일왕의 재임기간에 해당하는 1926년 12월25일부터 1989년 1월7일까지 일본에서 사용된 연호

*앙카케: 소스에 전분을 넣어 농도를 낸 소스. '쿠즈앙'이라고도 한다.

간토 고토치라멘 101

#간토 지역 에피소드
할머니께서 끓여 주셨던 양은 냄비 라면의 비밀

돈코츠라멘이나 이에케라멘 등 깨가 들어간 라멘을 먹을 때면 할머니가 끓여주시던 양은 냄비 라면이 생각납니다. 라멘집에서 스프를 마시는 순간, 몸이 갑자기 기억합니다. 도대체 이 맛의 근원은 어디일까 생각해봤는데 그 맛의 원인은 바로 일본 스프에서 자주 쓰이는 재료와 조미료였습니다.

할머니께서 끓여주셨던 라면은 현재 단종되었지만. 여전히 일본 곳곳에서는 그와 비슷한 조미료를 사용하거나, 일본 토종닭에서 나오는 감칠맛을 느낄 수 있는 스프를 종종 만나볼 수 있습니다.

다시 라면 이야기로 돌아가자면, 당시 할머니께서는 깨를 손으로 부수어 보글보글 끓는 라면 위에 뿌리셨고 손자를 아끼는 마음에 귀한 달걀까지 하나 넣으셨습니다. 그렇게 나온 꼬들꼬들한 면발의 맛있는 라면의 맛을 저는 지금까지도 잊지 못합니다. 바로 추억의 맛입니다.

일본에서 라멘 여행을 하다가 할머니께서 끓여주셨던 라면과 비슷한 맛을 내는 라멘을 접하면 어릴 적 추억이 떠오르며 다시금 행복해집니다.

#추억의라멘 #그리운할머니 #보고싶어요

CHAPTER 04
주부

주부 지도

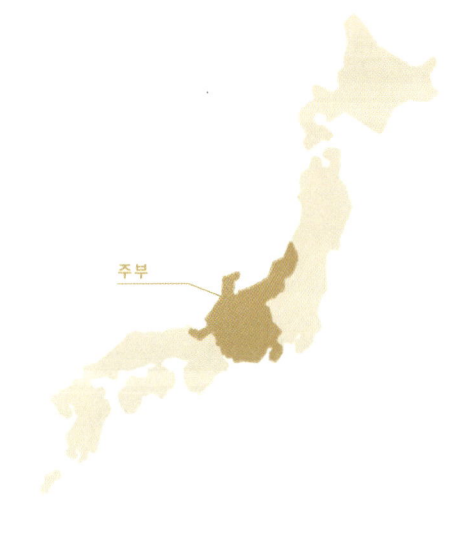

1. 츠바메산조세아부라라멘
2. 나가오카쇼가쇼유라멘
3. 니가타앗사리쇼유라멘
4. 니가타노우코우미소라멘
5. 산조카레라멘
6. 도야마블랙
7. 도야마컬러라멘
8. 츠루가라멘
9. 안요우지라멘
10. 타카야마라멘
11. 베토콘라멘
12. 시다계라멘
13. 닌자계라멘
14. 타이완라멘
15. 타이완마제소바

CHAPTER 04 주부

CHAPTER 4
01 츠바메 산조세아부라라멘

燕三 条背脂ラーメン

주부 니가타현 츠바메시 고토치라멘

츠바메 산조세아부라라멘
燕三 条背脂ラーメン

라멘 정보
라멘 종류: 쇼유라멘
스프 재료: 돼지, 멸치
염도: 다소 짠 편
스프 농도: 보통
면 종류 : 곱슬 면, 납작 면
역과의 접근성: 약간 가까움

SCAN
소울선기
YOUTUBE
츠바메
산조세아부라라멘

코슈한텐
杭州飯店

영업 정보
추천 메뉴: 츄카소바
中華そば 950엔
교통: JR 니시쓰바메역(西燕駅)
에서 도보 10분
시간: 화-금 11:00-14:30 / 17:00-20:00
토, 일 11:00-18:30 (정기휴일 월요일)

SCAN
코슈한텐
라멘집
구글맵 링크

고소하고 부드러운 세아부라가 잔뜩!

일본 전역에서 라멘 연간 소비량이 야마가타현과 대등하게 높은 지역이 니가타현이다. 니가타현의 고토치라멘 중 가장 명성이 높은 츠바메 산조세아부라라멘의 인기는 대단한데, 그 중심에는 90년이 넘는 역사를 자랑하는 '코슈한텐'이 있다. 돼지 뼈 바탕 스프에 멸치 육수가 가미된 감칠맛 넘치는 스프 위에는 잘게 갈아진 등 비계가 잔뜩 올려져 있다. 부드럽고 고소한 스프에는 약간 짭조름한 간장 타레가 절묘하게 섞여 있다. 굵고 넓은 식감 좋은 면은 익힘이 단단해, 씹으면 씹을수록 단맛이 올라온다. 돼지고기 육향이 잘 느껴지는 차슈 또한 츠바메 산조세아부라라멘을 잘 즐길 수 있게 해 준다.

CHAPTER 4
02 나가오카 쇼가쇼유라멘
長岡生 姜醬油ラーメン

주부 니가타현 나가오카시 고토치라멘

나가오카 쇼가쇼유라멘
長岡生 姜醬油ラーメン

라멘 정보

라멘 종류: 쇼유라멘
스프 재료: 닭, 생강
염도: 다소 짠 편
스프 농도: 보통
면 종류 : 일직선 면
역과의 접근성: 가까움

SCAN
소울선기
YOUTUBE
나가오카
쇼가쇼유라멘

아오시마쇼쿠도
青島食堂 宮内駅前店

영업 정보

추천 메뉴: 아오시마라멘
青島ラーメン 900엔
교통: JR 미야우치역(宮内駅)
에서 도보 1분
시간: 월-일 11:00-19:00
(정기휴일 부정기적)

SCAN
아오시마쇼쿠도
라멘집
구글맵 링크

시원한 생강 향이 잘 느껴지는 스프

마늘이 스프에 첨가된 라멘은 일본 전국적으로 많이 있지만, 생강을 스프에 첨가하는 라멘은 흔치 않다. 생강을 적당히 사용하면 생강 특유의 시원함이 스프에서 잘 느껴지기에, 그 맛을 좋아하는 소비자에게는 매우 매력적으로 어필될 수 있다. 니가타의 '아오시마쇼쿠도'의 스프는 마시는 순간 깔끔하게 풍기는 생강의 시원한 맛과 간장 향을 느낄 수 있으며, 다소 단단한 식감의 굵은 면과 스프와의 궁합도 좋다. 살코기만으로 만든 차슈는 육향도 풍부하다. 후추는 깔끔한 스프의 맛을 자칫 저해할 수 있으니 조금만 첨가하자.

니가타 5대 라멘 중 하나인 **나가오카쇼가쇼유라멘** (長岡生姜醤油ラーメン) 에 대해 알아볼까요?

쵸바메산조세아부라라멘

니가타앗사리쇼유라멘

니가타노우코우미소라멘

산조카레라멘

스프에 **생강**이 들어가 있어 향이 강할 것 같지만, 오히려 **깔끔한 맛**이 납니다.

나가오카쇼가쇼유라멘의 특징

- 돼지뼈를 베이스로 한 쇼유 청탕스프
- 스프의 잡내를 잡기 위해 **생강**을 사용
- 중간 굵기의 면 사용
- 올드스쿨 챠슈

나가오카쇼가쇼유라멘을 판매하는 곳 중 가장 유명한 곳은 '**아오시마쇼쿠도** (青島食堂 宮内駅前店)'입니다.

아오시마쇼쿠도의 인기는 니가타를 넘어 **도쿄까지 진출**하게 되었습니다. 가게 앞은 늘 대기 줄이 있어 그 인기를 실감케 합니다.

아오시마쇼쿠도 본점에서 나가오카쇼가쇼유라멘을 맛볼 수 있다면 가장 좋겠지만, 접근성 좋은 도쿄에서도 충분히 그 맛을 느낄 수 있습니다.

CHAPTER 4
03 니가타 앗사리쇼유라멘
新潟 あっさり醤油ラーメン

주부 니가타현 니가타시 고토치라멘

니가타 앗사리쇼유라멘
新潟 あっさり醤油ラーメン

라멘 정보

라멘 종류: 쇼유라멘
스프 재료: 닭
염도: 보통
스프 농도: 다소 묽은 편
면 종류 : 곱슬 면
역과의 접근성: 보통

SCAN
소울선기
YOUTUBE
니가타
앗사리쇼유라멘

산키치야 혼텐
三吉屋 西堀本店

영업 정보

추천 메뉴: 츄카소바
中華そば 700엔
교통: JR 니가타역(新潟駅)
에서 도보 32분
시간: 월-일 11:00-16:00
(정기휴일 화요일)

SCAN
산키치야 혼텐
라멘집
구글맵 링크

대중에게 널리 사랑 받아온 라멘

니가타 앗사리쇼유라멘은 후쿠오카 고토치라멘인 나가하마라멘과 꽤 비슷하다. 두 라멘 모두 포장마차에서 시작한 라멘이고, 빠르게 고객들에게 라멘을 제공하기 위해 얇은 면을 사용한다. 다만, 니가타는 얇은 곱슬 면을 사용하고, 간장 타레에 멸치가 첨가된 맑은 스프이다. '산키치야 혼텐'의 오래된 건물 외관은 본점이라는 분위기가 강하게 느껴진다. 맑고 가벼운 스프는 매일 먹어도 질리지 않을법한 묘한 중독성이 있고, 쫄깃하고 곱슬곱슬한 면과도 잘 어울린다. 언뜻 보면 평범하게 보이지만, 소박하고 예스러운 토핑에서 오리지널 라멘의 모습이 느껴져 친숙하고 편하게 느껴진다.

이번에 소개할 '니가타앗사리쇼유라멘(新潟 あっさり醤油ラーメン)' 역시 니가타 5대 라멘 중 하나입니다.

니가타앗사리쇼유라멘은 후쿠오카 지역 고토치 라멘인 '나가하마라멘(長浜ラーメン)'과 비슷한 점이 많습니다.

두 라멘 모두 **야타이(포장마차)**에서 시작되었고, 빠르게 라멘을 제공하기 위해 **얇은 면**을 사용합니다.

차이가 있다면 니가타앗사리쇼유라멘은 얇고 곱슬곱슬한 면을 사용하고, 쇼유 베이스에 멸치로 맛을 낸 맑은 스프라는 점입니다.

니가타앗사리쇼유라멘은 어떻게 보면 니가타 5대 라멘 중 가장 평범해 보이지만, 그 때문에 대중적으로 널리 사랑받게 된 라멘이기도 합니다.

니가타역에 들르게 된다면 '산키치야 에키미나미케야키도리덴(三吉屋 駅南けやき通り店)'에서 **니가타앗사리쇼유라멘**을 드셔보시길 추천합니다. **역과 가까운 곳에 있어 도전하기 쉽습니다.**

CHAPTER 4
04 니가타 노우코우미소라멘
新潟 濃厚味噌ラーメン

주부 니가타현 니가타시 고토치라멘

니가타 노우코우미소라멘
新潟 濃厚味噌ラーメン

코마도리
ラーメン こまどり

라멘 정보

라멘 종류: 미소라멘

스프 재료: 닭, 돼지, 야채

염도: 보통

스프 농도: 보통

면 종류 : 일직선 면

역과의 접근성: 약간 멈

영업 정보

추천 메뉴: 미소라멘

味噌ラーメン 880엔

교통: JR 마키역(巻駅)

에서 도보 38분

시간: 월-금 11:00-14:30 / 16:30-20:00

토, 일, 휴일 11:00-15:00 / 16:30-20:00

(정기휴일 목요일)

SCAN
소울선기
YOUTUBE
니가타
노우코우미소라멘

SCAN
코마도리
라멘집
구글맵 링크

깊고 진한 미소의 맛

니가타에는 농후한 미소라멘이라는 이름을 내건 니가타 5대 라멘 중 하나인 니가타 노우코우미소라멘이 있다. '코마도리'에서 시작한 니가타 노우코우미소라멘은 니가타역과는 다소 멀리 떨어진 곳에 있어 접근은 쉽지 않다. 중화 프라이팬으로 단시간에 볶아낸 불 향 강한 채소들을 각종 지역별 미소와 함께 사용해 만든 니가타 노우코우미소라멘은 삿포로 미소만큼 매력 있다. 농후한 스프 외에도 츠케멘의 스프와리처럼 연한 스프가 따로 제공되어 취향대로 스프 농도를 조절해 먹을 수 있다는 점이 특별하다. 맵기는 약간 매콤하며, 굵기가 매우 굵은 면은 면 자체로도 맛있지만 스프와는 더욱 잘 어울린다.

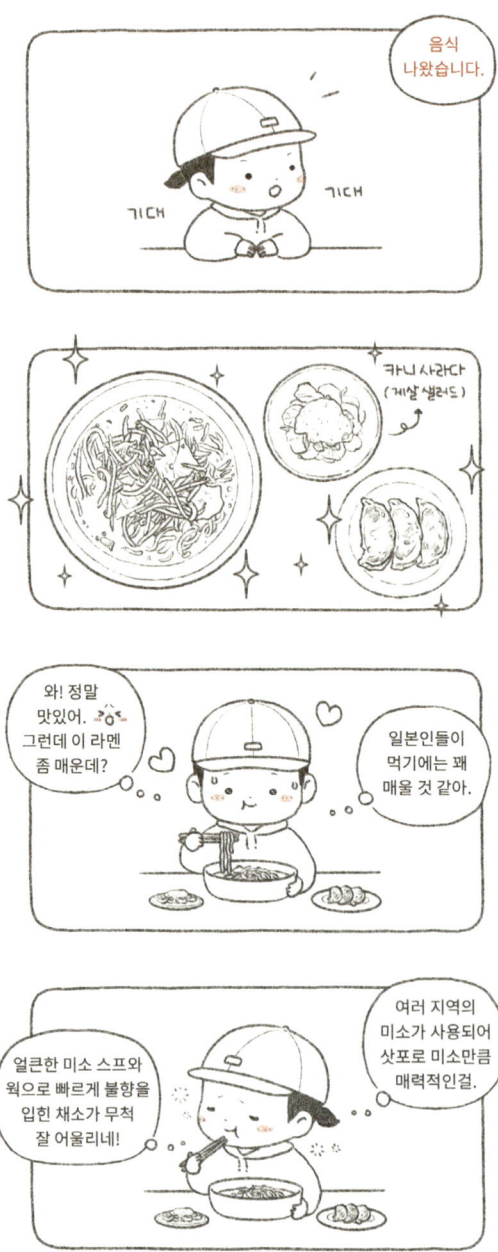

쌀쌀하고 황량한 길을 고생해 걸어온 것이 잊힐 만큼 행복한 라멘 기행이었습니다.

CHAPTER 4
05
三条カレーラーメン
산조카레라멘

주부 니가타현 산조시 고토치라멘

산조카레라멘
三条カレーラーメン

라멘 정보
라멘 종류: 카레라멘
스프 재료: 돼지, 야채
염도: 보통
스프 농도: 보통
면 종류: 곱슬 면
역과의 접근성: 가까움

류쇼엔
龍昇園

영업 정보
추천 메뉴: 쿠로카레라멘
黒カレーラーメン 1000엔
교통: JR 기타산조역(北三条駅)
에서 도보 7분
시간: 화-토 11:00-14:30 / 17:00-22:00
일, 휴일 11:00-15:00 / 17:00-22:00
(정기휴일 월요일)

SCAN
소울선기
YOUTUBE
산조카레라멘

SCAN
류쇼엔
라멘집
구글맵 링크

라멘인데 녹색 면과 카레?

일본 고토치라멘에는 세 종류의 카레라멘이 있다. 무로란카레라멘은 좀 더 라멘을 강조하고 있고, 미소카레규뉴라멘은 복합적인 변형의 맛을 지니고 있으며, 산조카레라멘은 가장 카레라이스와 비슷하다. 조에츠신칸센과 재래선 야히코선이 지나는 츠바메산조역 우측에 있는 산조시(市)에는 무려 20여 곳의 식당에서 산조카레라멘을 판매한다. '류쇼엔'의 카레라멘은 검은빛 스프 카레와 비슷해 보이고 클로렐라가 첨가된 초록색 면이 독특하다. 각종 신선한 재료들이 스프, 면과 어우러져서 특유의 이국적인 맛을 느낄 수 있다.

CHAPTER 4
06

富山ブラック
도야마블랙

주부 도야마현 다카오카시 고토치라멘

도야마블랙
富山ブラック

라멘 정보
라멘 종류: 쇼유라멘
스프 재료: 돼지, 닭
염도: 짠 편
스프 농도: 보통
면 종류 : 일직선 면
역과의 접근성: 가까움

SCAN
소울선기
YOUTUBE
도야마블랙

멘하치
めん八 御旅屋店

영업 정보
추천 메뉴: 츄카소바
中華そば 900엔
교통: JR 다카오카역(高岡駅)
에서 도보 8분
시간: 월-토 12:00-13:45 / 19:00-22:30
일 12:00-13:45
(정기휴일 수요일)

SCAN
멘하치
라멘집
구글맵 링크

깊고 진한 미소의 맛

도야마블랙의 강한 염도와 매력은 도야마시 인근 도시인 다카오카시(市)에도 전파가 되었는데, 현 내 인구 2위의 도시 다카오카에도 유명한 도야마라멘집들이 많이 있다. '멘하치'는 다카오카의 가장 중심가 시내에 있는 유명 라멘집으로, 원조 니시쵸다이키에 비해 대중적으로 먹기 좋은 도야마블랙라멘이다. 스프는 한국의 익숙한 짜장라면의 국물이 떠오르는데, 일본간장 특유의 쏨쏠함이 느껴지는 이색적인 스프가 인상적이다. 밥을 주문하면 절임 반찬도 함께 나오는데 도야마블랙 스프와 밥은 의외로 궁합이 훌륭하다. 푹 삶아져 나온 챠슈는 살코기가 너무 부드러워 젓가락으로도 쉽게 부서질 정도인데 밥과 함께 스프를 말아 먹는 방식도 추천한다.

CHAPTER 4
07

富山カラー らーめん
도야마컬러라멘

주부 도야마현 다카오카시 고토치라멘

도야마컬러라멘
富山カラー らーめん

라멘 정보
라멘 종류: 시오라멘
스프 재료: 닭, 야채
염도: 보통
스프 농도: 보통
면 종류: 곱슬 면
역과의 접근성: 보통

SCAN
소울선기
YOUTUBE
도야마컬러라멘

만요노사토
万葉の里 高岡 フードコート

영업 정보
추천 메뉴: 다카오카그린라멘
高岡グリーンラーメン 900엔
교통: 아이노카제 도야마 철도
니시타카오카역(西高岡駅)에서 도보 23분
시간: 월-일 9:00-20:30
(정기휴일 부정기적)

SCAN
만요노사토
라멘집
구글앱 링크

아름다운 색깔의 라멘이라니!

도야마블랙 보다 유명하지는 않지만 도야마현 내에는 여러 컬러라멘이 있다. 도야마블랙의 전국적 유명세에 발맞춰 현 내 여러 지역은 자기 지역만의 색깔 라멘을 개발해 고토치라멘으로서 입지를 확고히 하고자 노력 중이다. '만요노사토'는 녹색 스프의 컬러라멘을 판매하고 있다. 스프는 닭 뼈 바탕 육수에 소금으로 간을 한 시오스프로, 특유의 닭 감칠맛이 잘 느껴진다. 시금치를 비롯한 초록색 토핑들이 면과 한데 어우러져 라멘의 색을 강조하고 있다.

CHAPTER 4
08

敦賀ラーメン
츠루가라멘

주부 후쿠이현 츠루가시 고토치라멘

츠루가라멘
敦賀ラーメン

라멘 정보
라멘 종류: 쇼유라멘
스프 재료: 닭, 돼지
염도: 보통
스프 농도: 보통
면 종류 : 일직선 면
역과의 접근성: 보통

SCAN
소울선기
YOUTUBE
츠루가라멘

이치리키
中華そば 一力 本店

영업 정보
추천 메뉴: 츄카소바
中華そば 920엔
교통: JR 쓰루가역(敦賀駅)
에서 도보 27분
시간: 수-일 11:00-19:00
(정기휴일 월,화요일)

SCAN
이치리키
라멘집
구글맵 링크

야타이에서 시작된 츠루가라멘의 전설

야타이라 불리는 일본식 포장마차 라멘들은 일본 전역에 널리 분포되어 있다. 츠루가라멘 역시 야타이에서 시작된 라면인 만큼 밤이 되면 국도 8호선 주변으로 펼쳐진 야타이 행렬을 볼 수 있다. 1960년 후반부터 야타이 붐이 분 이곳은 퇴근 후 라멘을 즐기는 곳으로 자리 잡았다. '이치리키'는 츠루가의 가장 유명한 라멘집으로, 급변하고 유행을 좇는 라멘 맛과는 다르게 일관된 쇼유돈코츠 맛을 유지하고 있다. 부드럽고 농후한 스프는 홋카이도산 다가수율 면과 무척 잘 어울린다. 베니쇼가는 이 라멘과 잘 어울리는 반찬이니 꼭 함께 즐기자.

오늘은 후쿠이현(福井県) 츠루가시(敦賀市)에 있는 라멘집 '이치리키(中華そば 一力 本店)'를 소개합니다.

이치리키 창업주는 **1958년 역 앞 야타이(포장마차)**에서 라멘을 팔기 시작했습니다.

일본 삼대 라멘 중 하나인 후쿠오카 하카타라멘(博多ラーメン)도 야타이 라멘으로 유명합니다.

사람들의 꾸준한 사랑을 받던 이치리키는 사업을 확장해 나갔고, **2021년 미쉐린 가이드에 소개**되었습니다.

옛날 맛 그대로 맛있어영 예뷰

그렇죠 추억의 맛이지

이치리키에서 처음 만들어진 **츠루가라멘(敦賀ラーメン)**은 하카타라멘 처럼 돼지 뼈와 닭 뼈를 사용합니다.

*베니쇼가와 멘마, 차슈를 토핑으로 첨가

*생강 초절임

츠루가라멘는 역 앞 야디이에서 늦은 시간까지 판매하는 라멘인 만큼, 특히 역 근처 운수업 직종에서 일하는 사람들의 사랑을 오랫동안 받아왔습니다.

돈코츠라멘을 좋아한다면 츠루가라멘도 꼭 드셔보세요! 분명 마음에 들 거예요.

CHAPTER 4
09

安養寺ラーメン
안요우지라멘

주부 나가노현 사쿠시 고토치라멘

안요우지라멘
安養寺ラーメン

라멘 정보
라멘 종류: 미소라멘
스프 재료: 닭, 돼지
염도: 다소 짠 편
스프 농도: 진한 편
면 종류: 삿포로식 곱슬 면
역과의 접근성: 보통

SCAN
소울선기
YOUTUBE
안요우지라멘

멘야 텐호
麺や 天鳳

영업 정보
추천 메뉴: 안요우지라멘
安養寺ラーメン 970엔
교통: JR 기타나카고미역(北中込駅)
에서 도보 15분
시간: 월-일 11:00-14:30 / 17:00-21:00
(정기휴일 수요일)

SCAN
멘야 텐호
라멘집
구글맵 링크

구수한 미소 라멘을 맛보고 싶다면

JR 도쿄 와이드 패스 경계 가장 끝자락에 걸쳐있는 JR 기타나카고미역에서 얼마 걸리지 않는 멘야 텐호는 도쿄에서 호쿠리쿠 신칸센을 통해 접근이 가능한 라멘집이다. 안요우지라멘의 대표와도 같은 '멘야 텐호'는 미소라멘을 포함한 다양한 라멘들을 판매한다. 안요우지라멘은 삿포로라멘의 농후한 미소 스프에 신슈미소 고유의 맛을 더한 아주 매력적인 고토치라멘이다. 신슈미소는 한국의 청국장과 비슷하게 발효시킨 미소로, 진하게 느껴지는 미소의 농후함이 우리네 청국장을 만난 듯 정겨운 스프 맛을 선사한다. 굵은 곱슬 면은 진한 스프와 궁합이 좋으며, 스프 사이사이에 있는 검은깨가 고소함을 더욱 증진시켜 준다. 옥수수 토핑이 무척 잘 어울리니, 반드시 토핑 추가를 하자.

CHAPTER 4
10

高山ラーメン
타카야마라멘

주부 기후현 타카야마시 고토치라멘

타카야마라멘
高山ラーメン

라멘 정보
라멘 종류: 쇼유라멘
스프 재료: 닭, 생선
염도: 보통
스프 농도: 보통
면 종류 : 곱슬 면
역과의 접근성: 가까움

SCAN
소울선기
YOUTUBE
타카야마라멘

츠즈미소바
つづみそば

영업 정보
추천메뉴: 완탄멘
ワンタン麺 950엔
교통: JR 타카야마역(高山駅)
에서 도보 11분
시간: 월-토 11:30-14:00 / 17:00-20:00
일 11:00-14:00 (정기휴일 화요일)

SCAN
츠즈미소바
라멘집
구글맵 링크

이곳에서는 꼭 완탕과 함께

타카야마로 향하는 특급 열차에서 바라보는 협곡의 경치는 압도적이다. 에메랄드빛 물이 끊임없이 흐르는 강과 우거진 산을 오르는 열차. 라멘도 라멘이지만 타카야마시 (市)까지 가는 과정은 눈부터 즐겁다. 높은 고도에 있는 타카야마는 수질이 좋아 맛있는 라멘을 만드는 데 있어 최적의 장소이다. 여러 유명 라멘집들이 즐비한 이곳에서, '츠즈미소바'는 쫄깃한 완탕을 라멘과 함께 먹을 수 있는 곳으로 유명하다. 닭 뼈 육수 바탕에 은은한 생선 향이 풍기는 스프는 일반적인 타카야마라멘에 비해 저염이다. 곱슬한 면과 부드러운 스프도 좋은 궁합을 이룬다.

CHAPTER 4
11

ベトコンラーメン
베토콘라멘

주부 아이치현 나고야시 고토치라멘

베토콘라멘
ベトコンラーメン

라멘 정보
라멘 종류: 쇼유라멘
스프 재료: 닭, 돼지
염도: 보통
스프 농도: 보통
면 종류: 일직선 면
역과의 접근성: 보통

SCAN
소울선기
YOUTUBE
베토콘라멘

키라쿠
喜楽

영업 정보
추천 메뉴: 베토콘라멘
ベトコンラーメン 780엔
교통: 아오나미선 고모토역(小本駅)
에서 도보 9분
시간: 화-일 11:00-14:00 / 17:30-21:00
목 11:00-14:00 (정기휴일 월요일)

SCAN
키라쿠
라멘집
구글맵 링크

베스트 컨디션 라멘, 베토콘라멘

한국인들의 연평균 마늘 소비량은 세계적으로 유명하다. 일본도 마늘에 대한 애정이 남다른데, 마늘은 오랜 시간 동안 일본에서 라멘 재료로 사랑받아 왔다. 하지만 썰거나 잘게 간 마늘이 아니라, 마늘이 통째로 들어가는 라멘은 흔치 않은데, 베토콘라멘은 통마늘이 들어간 고토치라멘이다. 부추와 숙주, 고기가 가득 들어간 '키라쿠'의 베토콘라멘은 먹으면 먹을수록 힘이 난다. 한국인에게도 꽤 매콤하게 느껴질 스프는 좀처럼 보기 힘든 부추 토핑과도 무척 잘 어울린다. 잘 구워진 통마늘은 부드럽게 씹히면서 면과 함께 즐기기 좋다. 고춧가루 가득한 스프와 돼지고기 토핑도 궁합이 훌륭하다.

CHAPTER 4
12

志太系ラーメン
시다계라멘

주부 시즈오카현 후지에다시 고토치라멘

시다계라멘
志太系ラーメン

라멘 정보
라멘 종류: 쇼유라멘
스프 재료: 생선
염도: 다소 짠 편
스프 농도: 다소 묽은 편
면 종류 : 일직선 면
역과의 접근성: 보통

시나소바도코로무기
支那そば処麦

영업 정보
추천 메뉴: 셋토
セット 1200엔
교통: JR 니시야이즈역(西焼津駅)
에서 도보 22분
시간: 화-일 7:00-13:00
(정기휴일 월요일)

SCAN
소울선기
YOUTUBE
시다계라멘

SCAN
시나소바도코로무기
라멘집
구글맵 링크

따뜻함과 차가움을 동시에 즐길 수 있는 라멘

아침 일찍부터 라멘을 판매하는 유명한 고토치라멘은 동북 지역 기타카타라멘이 단연 유명한데, 주부 지역에서도 아침라멘을 즐길 수 있는 곳이 있다. 후지에다시(市) 근처 도시들에서는 시다계라멘을 아침부터 즐길 수 있는 라멘집들이 많으며, 기타카타와 비슷한 점은 맑은 간장 바탕의 스프라 아침 식사로 즐기기에도 부담이 없다는 것이다. '시나소바도코로무기'는 온면과 냉면을 함께 세트로 판매하고 있다. 온면 스프는 우동 국물이 생각나는 맑은 생선 바탕의 스프로 굵은 면과 잘 어울린다. 냉면 스프는 은은한 산미가 감도는 시원한 간장 스프이며, 감칠맛을 잘 느낄 수 있다. 특히 와사비를 풀어 먹는 묘미는 이 라멘의 포인트.

시다계라멘은 시다군(志太郡) 지역 이름을 따서 만들어진 라멘입니다. 시다군은 **2009년 후지에다시(藤枝市)에 편입**되었습니다.

아침부터 라멘을 즐길 수 있다니? 하루를 시작하기에 딱 좋은 식사, 바로 **시다계라멘(志太系ラーメン)**입니다.

시다계라멘은 일찍 출근하는 사람들을 위해 **아침부터 판매하는 라멘**입니다.

쇼유베이스의 맑은 스프 라멘이라 부담 없이 즐길 수 있습니다.

후지에다시 부근에 있는 **야이즈시(焼津市)**와 **시마다시(島田市)**에서도 이를 본떠 시다계라멘을 판매하기 시작했는데요,

약 20여 개 넘는 점포에서 시다계라멘을 판매하고 있습니다.

시다계라멘으로 가장 유명한 식당인 '**마루나카(マルナカ)**'는 히야시라멘(冷やしラーメン, 차가운 라멘)을 판매하였는데,

현재도 시다계라멘을 판매하는 많은 점포에서 이를 본떠 **차가운 라멘과 따뜻한 라멘을 세트로 판매**하고 있습니다.

'**마루나카**'는 시다계라멘의 원조라 불리고 있는 **100여 년의 역사**를 자랑하는 가게입니다.

CHAPTER 4

13

忍者系ラーメン

닌자계 라멘

주부 시즈오카현 하마마츠시 고토치라멘

닌자계 라멘
忍者系ラーメン

라멘 정보
라멘 종류: 쇼유라멘
스프 재료: 생선, 돼지, 닭
염도: 다소 짠 편
스프 농도: 보통
면 종류: 일직선 면
역과의 접근성: 보통

이치린
麵創房 一凜

영업 정보
추천 메뉴: 시나소바
支那そば 880엔
교통: JR 하마마쓰역(浜松駅)
에서 도보 31분
시간: 월-일 11:30-14:30 / 17:00-21:30
(정기휴일 목요일)

SCAN
소울선기
YOUTUBE
닌자계라멘

SCAN
이치린
라멘집
구글맵 링크

은밀하게 맛있는 닌자 라멘

'이치린'은 닌자계라멘의 직계 전통을 자랑하는 대표 라멘집이다. 건물의 외관부터 검은 바탕에 연두색 띠를 두른 모습이 마치 닌자를 연상케 한다. 내부 인테리어도 당연히 전부 검고 조도도 낮다. 간장을 약간 태운 듯한 씁쓸한 맛의 스프 풍미는 일본 블랙 계열 라멘에서 자주 접할 수 있으며 이치린의 닌자계라멘도 그렇다. 자가제면으로 만든 면은 익힘이 단단하고 스프를 많이 머금고 있어 검게 보인다. 자가제면이라 그런지 씹는 면에서 올라오는 밀 향기도 좋다. 면 자체로도 맛있지만 스프와도 잘 어울리며, 육향을 가득 품은 차슈와 멘마도 면과 함께 즐기기에 부족함이 없다.

'닌자' 하면 캄캄하고 어두운 밤, 어둠과 똑같은 검은 옷을 입고 은밀히 임무를 수행하는 모습이 떠오르시나요?

I AM A NINJA

시즈오카현(静岡県) 하마마츠시(浜松市)에는 닌자처럼 검은 스프의 **닌자계라멘(忍者系ラーメン)**이 있습니다.

넌 누구냐?

훗, 난 닌자계라멘이다!

닌자계라멘의 검디검은 스프를 보면 도야마블랙이 떠오르지만, 의외로 많이 짜지 않습니다.

일직선 소면이 사용되는 것도 특징이지요.

'**이치린(麵創房 一凜)**'은 닌자계라멘을 대표하는 식당입니다. 검은 스프가 떠오르도록 디자인한 인테리어가 인상적입니다.

하마마츠는 **장어요리**도 무척 유명합니다. **닌자계라멘**과 함께 즐겨보세요!

하마마츠에 가신다면 함께 즐겨봐요

CHAPTER 4
14
台湾ラーメン
타이완라멘

주부 아이치현 나고야시 고토치라멘

타이완라멘
台湾ラーメン

라멘 정보
라멘 종류: 타이완라멘
스프 재료: 돼지, 닭
염도: 보통
스프 농도: 다소 묽은 편
면 종류 : 일직선 면
역과의 접근성: 보통

다이렌한텐
大連飯店

영업 정보
추천 메뉴: 타이완라멘
台湾ラーメン 680엔
교통: 쓰루마이선 오스칸논역(大須観音駅)
에서 도보 3분
시간: 월-일 11:00-14:00 / 17:00-01:00
화 11:00-14:00 (정기휴일 부정기적)

SCAN
소울선기
YOUTUBE
타이완라멘

SCAN
다이렌한텐
라멘집
구글맵 링크

매콤하고 칼칼한 타이완라멘

타이완라멘과 베토콘라멘 모두 나고야시(市)에서 찾기 쉬운 고토치라멘인데 두 종류의 결은 비슷하나 베토콘라멘에는 통마늘과 고춧가루, 그리고 돼지고기가 큼지막하게 썰어 나오는 반면, 타이완라멘은 잘게 간 민스 돼지고기에 조각난 고추가 첨가된다는 점이 다르다. '다이렌한텐'의 타이완라멘 스프는 깔끔하게 매운 점이 특징인데, 한국인에게도 꽤 매울법한 스프는 동물 뼈 바탕의 감칠맛이 뛰어난 매력적인 스프다. 민스 돼지고기는 잡내 없이 칼칼한 스프와도 궁합이 좋으며, 추가로 후추나 다른 향신료를 첨가하지 않아도 될 정도로 완벽한 라멘이다. 세트로 마늘볶음밥을 주문해 즐기는 것도 추천.

CHAPTER 4
15

台湾まぜそば
타이완마제소바

주부 아이치현 나고야시 고토치라멘

타이완마제소바
台湾まぜそば

라멘 정보

라멘 종류: 마제소바

스프 재료: 생선, 돼지, 야채

염도: 다소 짠 편

스프 농도: 진한 편

면 종류 : 일직선 면

역과의 접근성: 가까움

멘야하나비
麺屋 はなび 高畑本店

영업 정보

추천 메뉴: DX타이완마제소바

DX台湾まぜそば 1450엔

교통: 히가시야마선 다카바타역(高畑駅)
에서 도보 5분

시간: 화-금 11:30-14:00 / 18:00-21:30

토, 일 11:00-14:30 / 18:00-21:30

(정기휴일 월, 첫째 셋째 화요일)

SCAN
소울선기
YOUTUBE
타이완마제소바

SCAN
멘야하나비
라멘집
구글맵 링크

본점에서 느껴지는 확연한 차이!

'멘야하나비'는 한국에서도 많은 사랑과 인기를 누리고 있는 타이완마제소바집이다. 그 인기의 시작은 아이치현 나고야시(市)에서 시작되었다. 일본 전역에도 한국과 마찬가지로 많은 분점이 사랑받고 있지만, 나고야 본점은 높은 명성 만큼 맛의 차이도 확실하다. 여러 종류의 토핑과 소스를 자신의 취향에 맞게 커스텀 할 수 있는 이곳의 타이완마제소바는 메뉴를 고를 때부터 설레게 만든다. 굵고 쫄깃한 면은 감칠맛 풍부한 매콤한 소스와 잘 어울리고 카레의 풍미를 직관적으로 느낄 수 있다. 김치, 마늘, 양파, 김 가루, 차슈와 양념이 잘 된 민스 고기. 이 모든 재료가 계란 노른자와 함께 섞여 환상의 맛을 선사한다.

오늘 소개할 라멘은 나고야시의 또 다른 고토치 라멘인 **타이완마제소바(台湾まぜそば)**입니다.

타이완마제소바는 타이완라멘과도 관련이 있는 라멘입니다.

타이완마제소바의 탄생 배경

나고야에 있는 **'멘야하나비(麵屋 はなび 高畑 本店)'** 점주는 타이완라멘에 대한 연구로 고심 중이었습니다.

대만식으로 고기를 갈아 고기볶음을 만들었는데, 라멘 스프와 잘 어울리지 않았기 때문이죠.

그때 함께 일하던 아르바이트생이 **고기볶음을 스프 없이 면과 비벼 먹는 아이디어**를 냈고,

괜찮은 아이디어라고 생각되어 여러 번 시행착오를 겪은 뒤

마침내 매콤하고 짭짤하면서도 감칠맛 풍부한 비빔 라멘, **타이완마제소바**를 만들어냈습니다.

우리나라에도 **'멘야하나비 분점'**이 곳곳에 있으니 한 번 도전해 보시길 바랍니다.

일본 나고야 멘야하나비 본점

기회가 된다면 **일본 본점**도 가보세요. 확실한 맛의 차이가 있습니다.

'아부라소바'도 국물 없는 라멘이라 언뜻 타이완마제소바와 비슷해 보이지만,

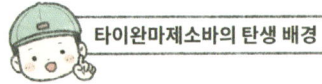

아부라소바 / 타이완마제소바

타이완마제소바는 반드시 갈아서 만든 고기볶음이 수북이 올라가 있어야 하고 맛도 매콤합니다.

#주부 지역 에피소드
봄날 욧카이치에서의 따뜻한 기억

나고야에서 출발해 욧카이치에 도착한 후 '츄카소바 하루키치'까지 걸어갑니다. 자동차만이 달리고 있는 이 도로에서 걷는 사람은 오직 저 하나뿐입니다. 살랑거리는 바람이 하천 너머에서 불어 반소매 안으로 시원하게 들어옵니다. 뜨거운 햇빛에 지친 제게 바람은 더운 여름날의 소나기와도 같습니다.

긴 시간 걸어 종아리가 아파질 때쯤, 청색 노렌이 벽면에 가지런히 걸린 라멘집에 도착합니다. 잔잔히 재즈가 흐르는 라멘집은 더없이 편안합니다. 문으로 들어오는 바람 속엔 여름 내음이 한가득합니다.

라멘이 나온 뒤 연신 셔터를 누르자 말을 걸어오는 여사님. 한국에서 온 걸 알고 무척 반가워하십니다. 자주 보는 영상 속 이곳 라멘 맛이 궁금해 찾아왔다고 하자, 사장님도 환한 미소를 지으시며 고맙다고 하십니다.

라멘을 좋아해서 이곳저곳 다양한 라멘을 찾으러 다닌다고 말씀드리고 기념으로 사진을 찍자마자 여사님이 역까지 태워다주겠다고 하십니다. 미안함과 감사함이 교차하며 콧수염이 멋있게 난 사장님께 마지막 인사를 드립니다.

차를 타고 가면서 이야기를 나누는데, 한국 드라마를 좋아한다고 말해주셔서 저도 모르게 어깨가 으쓱해집니다. 역에 도착 후 멀어져가는 여사님의 차를 끝까지 배웅하며 감사드렸습니다. 잔잔한 드라마의 한 장면 같은 지금 이 기억은 두고두고 제 마음을 따뜻하게 덥혀줄 추억이 될 것입니다.

따뜻한 늦봄, 청량하게 찾아온 초여름 바람, 좋은 사람들과의 추억. 모든 게 완벽한 아름다운 하루입니다.

CHAPTER 05
간사이

간사이 지도

① 카메야마라멘
② 교토라멘
③ 타카이다라멘
④ 반슈라멘
⑤ 반슈아코시오라멘
⑥ 히메지라멘
⑦ 텐리라멘
⑧ 와카야마라멘

CHAPTER 05 간사이

CHAPTER 5
01
亀山ラーメン
카메야마라멘

간사이 미에현 카메야마시 고토치라멘

카메야마라멘
亀山ラーメン

라멘 정보

라멘 종류: 미소라멘

스프 재료: 소

염도: 짠 편

스프농도: 보통

면 종류 : 곱슬 면

역과의 접근성: 약간 가까움

SCAN
소울선기
YOUTUBE
카메야마라멘

우에다쇼쿠도
うえだ食堂

영업 정보

추천 메뉴: 카메야마라멘

亀山ラーメン 950엔

교통: JR 카메야마역(亀山駅)

에서 도보 17분

시간: 월-토 11:00-14:00 / 17:00-20:00

(정기휴일 일요일)

SCAN
우에다쇼쿠도
라멘집
구글맵 링크

한국의 된장찌개가 떠오르는 맛

서일본에서 유일하게 미소된장을 사용하는 고토치라멘이 있다. 바로 카메야마라멘이다. 카메야마시(市)의 위치는 오사카에서든 나고야에서든 다소 접근하기 어려운 지역에 있다. 일반, 적색, 보리된장 이렇게 세 종류의 된장을 사용해 만든 카메야마라멘의 염도는 아주 짠 편이다. 스프를 떠먹으면 한국의 진한 된장찌개가 떠오르는데, 한국인에겐 아주 익숙한 맛이다. 중간 굵기의 곱슬 면은 다소 단단하게 익혀져 있으며, 짭조름한 스프와 잘 어울린다. 약간 질긴 식감의 차슈는 담백한 편이다. 일본라멘 토핑에서 좀처럼 찾아보기 힘든 버섯은 향기가 좋고 식감도 쫄깃해 스프와의 궁합이 최고다.

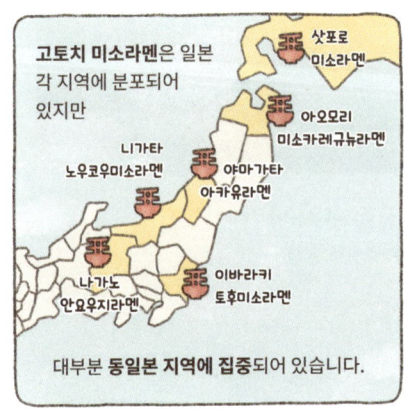

일본의 종묘로 추앙받는 곳이라네요.

CHAPTER 5

02

京都ラーメン
교토라멘

간사이 교토부 교토시 고토치라멘

교토라멘
京都ラーメン

신푸쿠사이칸
新福菜館 本店

라멘 정보

라멘 종류: 쇼유라멘
스프 재료: 돼지, 닭
염도: 다소 짠 편
스프 농도: 보통
면 종류: 일직선 면
역과의 접근성: 가까움

영업 정보

추천 메뉴: 츄카소바
中華そば 850엔
교통: JR 교토역(京都駅)
에서 도보 5분
시간: 월-일 9:00-20:00
(정기휴일 수요일)

SCAN
소울선기
YOUTUBE
교토라멘

SCAN
신푸쿠사이칸
라멘집
구글맵 링크

일본 간장 스프의 정수

교토뿐만 아니라 일본라멘 역사에서 가장 오래된 가게 중 한 곳이 교토역 근처에 위치해 있다. 바로 '신푸쿠사이칸'이다. 1938년 영업을 시작한 이곳 교토라멘의 특징은 진한 일본간장 특유의 쌉쌀함을 단번에 느낄 수 있다. 이곳에서 영감을 받은 라멘집들이 일본 전역에 수없이 많다. 라멘을 처음 접하는 사람에게는 다소 난해할 수 있지만, 이 쌉쌀한 스프야말로 일본간장을 라멘에서 가장 잘 표현한 정수가 아닐까. 가득 쌓아 올려진 교토 특산물 '쿠조네기'는 단맛이 느껴지는 매력적인 파 토핑이다. 전통이 느껴지는 볶음밥과 함께 즐기는 방법도 추천한다.

그중, **신푸쿠사이칸의 교토라멘**은 맑은 **동물계스프**를 사용한 라멘입니다.

'**신푸쿠사이칸**(新福菜館 本店)'은 교토에서 가장 오래된 라멘집으로, **교토 라멘집의 상징**과도 같습니다.

일본 전역에서도 가장 오래된 라멘집 중 하나입니다.

교토지역의 고토치라멘인 **교토라멘**(京都 ラーメン)은 크게 세 종류로 나뉩니다.

 **1.** 맑은 동물계(돼지, 닭) 스프를 사용하는 라멘

 **2.** 닭뼈 베이스에 *****세아부라**가 올라간 라멘
*세아부라: 돼지 어깨, 등 부위의 지방성분

 **3.** *****토리파이탄**을 사용한 걸쭉한 스타일의 라멘
*토리파이탄: 닭으로 만든 묽은 스프

신푸쿠사이칸은 **1938년** 중국인 서영제에 의해 **야타이**(포장마차)에서 시작되었습니다.

이곳 라멘은 다소 짠 편이며 일본간장 특유의 씁쓸한 맛이 느껴집니다.

씁쓸한 간장은 한국인들에겐 꽤 이질적인 맛이지만 일본인들에겐 무척 익숙한 맛입니다.

교토의 *****쿠조네기가 토핑으로 올라감

*쿠조네기: 일본 전역에서 유명한 파. 약간 달달한 맛이 특징

라멘을 처음 접하는 사람들에겐 다소 난해하게 느껴지는 맛일 수 있겠지만, 이곳 교토라멘이야말로 씁쓸한 일본 간장 맛의 정수라고 할 수 있습니다.

전통 교토라멘을 맛보고 싶은 분들께 적극 추천합니다.

CHAPTER 5
03

高井田ラーメン
타카이다라멘

간사이 오사카부 오사카시 고토치라멘

타카이다라멘
高井田ラーメン

라멘 정보
라멘 종류: 쇼유라멘
스프 재료: 생선, 닭
염도: 다소 짠 편
스프 농도: 약간 묽은 편
면 종류 : 일직선 면
역과의 접근성: 약간 가까움

SCAN
소물선기
YOUTUBE
타카이다라멘

츄카소바 코우요우켄
中華そば 光洋軒

영업 정보
추천 메뉴: 츄카소바
中華そば 650엔
교통: 킨테츠 후세역(布施駅)
에서 도보 10분
시간: 월-금 9:00-19:00 토,일 8:00-18:00
(정기휴일 화요일)

SCAN
츄카소바 코우요우켄
라멘집
구글맵 링크

타카이다라멘의 원조

일본 제2의 도시이자 한국인들이 가장 많이 찾고 먹거리를 즐기는 매력에 빠지는 오사카. 이곳 고토치라멘인 타카이다라멘은 오사카스러운 맛을 가장 잘 구현하고 있다. '츄카소바 코우요우켄'은 타카이다라멘의 원조 라멘집이다. 해산물과 닭 뼈를 잘 우려내어 간장의 향기로움과 조화를 이루어내는 스프, 대도시임에도 600엔이라는 믿기지 않는 저렴한 가격, 아침부터 라멘을 즐길 수 있는 편리성, 굵고 통통한 면은 오사카의 열정처럼 매우 뜨겁다. 차슈, 파, 멘마가 토핑의 전부인 츄카소바는 시원 짭짤한 감칠맛의 스프와 조화를 잘 이룬다. 수많은 유명한 라멘집이 오사카에 있지만 단연 츄카소바 코우요우켄이 가장 오사카다운 라멘집이라 불릴 만 하다.

CHAPTER 5
04

播州ラーメン
반슈라멘

간사이 효고현 니시와키시 고토치라멘

반슈라멘
播州ラーメン

라멘 정보

라멘 종류: 쇼유라멘
스프 재료: 돼지, 닭
염도: 보통
스프 농도: 맑은 편
면 종류: 곱슬 면
역과의 접근성: 보통

SCAN
쇼울선기
YOUTUBE
반슈라멘

히스이
ひすい

영업 정보

추천 메뉴: 반슈라멘
播州ラーメン 780엔
교통: JR 신니시와키역(新西脇駅)
에서 도보 31분
시간: 월-일 11:00-14:30 / 17:00-20:00
수 11:00-14:30 (정기휴일 목요일)

SCAN
히스이
라멘집
구글맵 링크

달콤한 라멘의 맛이 궁금하다면

반슈라멘은 달콤한 간장 스프의 고토치라멘이다. 일본 전국적으로 달콤한 간장을 사용하여 스프를 만드는 라멘집은 흔치 않다. 니시와키시(市)가 홍보에 열을 올리고 있는 반슈라멘집 중 '히스이'는 간식처럼 부담 없이 언제라도 가볍게 즐기기 좋은 맛을 자랑한다. 반슈라멘 대부분의 스프는 닭 뼈를 사용하나 돼지 뼈를 일부분 혼용해 맑은 간장 스프를 만드는 게 특징이며 먹기 편한 곱슬 면은 스프를 잘 머금고 있다. 의외로 쇼유라멘에서 숙주 토핑을 찾기 힘든데 반슈라멘의 달콤한 스프에 숙주가 꽤 잘 어울린다.

효고현(兵庫県) 니시와키시(西脇市)는 예부터 **직물 산업**이 발달한, 인구 약 4만 명의 작은 도시입니다.

특히 가볍고 아름다운 색채로 유명한 '**반슈오리 (播州織)**' 천은 효고현의 **특산품**입니다.

까다롭게 만들어야 하는 직물이기에 여성의 손이 많이 필요했고, 이들을 위해 개발된 라멘이 바로 '**반슈라멘(播州ラーメン)**'입니다.

반슈라멘의 특징

얇은 일직선의 면, 또는 **곱슬면**을 사용

차슈, 네기(파), 김, 모야시(숙주) 등 심플하고 예스러운 토핑

돼지나 닭 베이스에 **쇼유**를 첨가, 달콤하고 가벼운 스프

CHAPTER 5
05 반슈아코시오라멘
播州赤穂塩 ラーメン

간사이 효고현 아코시 고토치라멘

반슈아코시오라멘
播州赤穂塩 ラーメン

라멘 정보
라멘 종류: 시오라멘
스프 재료: 닭
염도: 보통
스프 농도: 매우 묽은 편
면 종류: 일직선 면
역과의 접근성: 가까움

SCAN
소울선기
YOUTUBE
반슈아코시오라멘

멘보우
麺坊

영업 정보
추천 메뉴: 반슈시오라멘
赤穂塩ラーメン 650엔
교통: JR 반슈아코역(播州赤穂駅)
에서 도보 1분
시간: 월-일 11:00-20:30
(정기휴일 부정기적)

SCAN
멘보우
라멘집
구글앱 링크

명품 아카호 소금을 사용한 라멘

반슈아코시오라멘은 효고현 아코시(市)의 아카호 소금을 이용한 고토치라멘이다. JR 반슈아코역 바로 앞 영화관 건물에 있는 '멘보우'는 2002년부터 영업을 시작했으며, 가성비가 상당히 좋은 식당이다. 멘보우의 시오라멘은 닭 뼈를 우려낸 스프에서 소금의 맑은 맛이 느껴지고, 부드럽게 익혀진 면은 스프가 잘 스며들어 있다. 차슈는 약간 질긴 편이다. 밥을 말아 먹기 딱 좋은 라멘인데, 교자를 함께 곁들이면 훨씬 맛있게 먹을 수 있다.

CHAPTER 5
06
姫路ラーメン
히메지라멘

간사이 효고현 히메지시 고토치라멘

히메지라멘
姫路ラーメン

라멘 정보

라멘 종류: 쇼유라멘

스프 재료: 닭, 돼지, 생강

염도: 보통

스프 농도: 다소 묽은 편

면 종류: 일직선 면

역과의 접근성: 약간 가까움

SCAN
소울선기
YOUTUBE
히메지라멘

교자야나나츠보시
餃子屋七星

영업 정보

추천 메뉴: 히메지쇼가쇼유라멘

姫路生姜醤油ラーメン 770엔

교통: 산요전철본선 데가라역(手柄駅)
에서 도보 7분

시간: 월-일 11:30-14:30 / 18:00-23:00

(정기휴일 부정기적)

SCAN
교자야나나츠보시
라멘집
구글맵 링크

달콤한 스프에 생강이라는 변주

효고현은 다른 도도부현에 비해 라멘집 숫자가 상당히 적은 지역인데, 그럼에도 여러 고토치라멘을 가지고 있는 지역이다. 그중 백색의 성으로 유명한 히메지시(市)에 있는 히메지라멘은 생강이 들어간 독특한 스프이다. 히메지라멘을 판매하는 라멘집마다 변주가 있는데, '교자야나나츠보시'의 라멘은 약한 생강 향이 깃든 달콤한 스프가 특징이며, 가느다랗게 썬 생강이 토핑으로 올라가 있다. 익힘이 딱딱한 편인 얇은 면은 숙주 토핑과도 잘 어울린다. 식당 이름에 교자가 들어간 만큼 교자와 함께 즐겨보자. 맛있는 교자와 함께 먹으니 라멘이 두 배는 맛있어진다.

효고현(兵庫県) 히메지시(姫路市)에는 일본 국보이자 유네스코 세계유산인 '히메지성(姫路城)'이 있습니다.

와! 아름다워!

이 지역 고토치라멘인 **히메지라멘(姫路ラーメン)**은 히메지시와 카고가와시(加古川市)에서 함께 시작하고 발전하였습니다.

재미있게도 지역 특색에 맞게 **히메지성을 김 장식으로 표현**해 토핑으로 올리는 라멘집들도 꽤 있습니다.

히메지라멘의 특징

동물계 스프 베이스에 **쇼유**와 **생강**이 주로 첨가되지만 크게 구애받지 않고 자유롭게 만드는 라멘집도 있음.

히메지라멘을 판매하는 **점포 지도**를 만들어 배포하고 있음.

CHAPTER 5

06 텐리라멘
天理ラーメン

간사이 효고현 히메지시 고토치라멘

텐리라멘
天理ラーメン

라멘 정보
라멘 종류: 스타미나라멘
스프 재료: 닭, 돼지, 야채
염도: 약간 짠 편
스프 농도: 보통
면 종류: 곱슬 면
역과의 접근성: 보통

SCAN
소울선기
YOUTUBE
텐리라멘

사이카라멘
彩華ラーメン 本店

영업 정보
추천 메뉴: 사이카라멘
彩華ラーメン 880엔
교통: 긴테쓰 덴리선 센자이역(前栽駅)
에서 도보 16분
시간: 월-일 11:00-24:00
(정기휴일 부정기적)

SCAN
사이카라멘
라멘집
구글맵 링크

배추가 들어가 시원하게 맛있는 라멘

텐리시(市)는 JR서일본 열차인 사쿠라이선과 사철인 킨테츠가 다니고 있으며, 나라시 남쪽에 있는 도시로 인구수가 약 6만 명이 조금 넘는 작은 도시이다. 일본 지방 자치 단체 중 유일하게 특정 종교의 이름을 시의 이름으로 사용하고 있는 곳으로 천리교와 관련이 있다. 텐리라멘의 원조인 '사이카라멘 본점'은 그 인기를 대변하듯 대형 주차장이 눈에 띈다. 배추를 중심으로 채소가 가득 느껴지는 매콤한 스프는 고기 감칠맛과 섞여 맵고 칼칼한 매력이 있다. 풍성한 채소 토핑이 곱슬면과 잘 어우러져 맛있게 즐길 수 있는 라멘이다.

나라현(奈良県) 텐리시(天理市)에는 나라현을 대표하는 고토치라멘인 **텐리라멘(天理ラーメン)**이 있습니다.

1968년 포장마차에서 시작되었어요.

텐리라멘은 **스타미나계라멘을 대표**하는 인기라멘이죠!

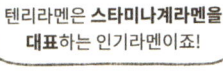

'**사이카라멘(彩華ラーメン 本店)**'은 텐리라멘의 원조 라멘집이며,

방송을 타게 되면서 일본 전역에 매우 유명해졌고 현재 **열 개가 넘는 분점**을 운영 중입니다.

텐리라멘의 특징

- 동물계 뼈를 사용
- 취향에 맞게 각종 향신료 추가 가능
- 고추가루, 간장, 타레 등이 식당마나 개성있게 첨가됨
- 돼지고기, 배추, 각종 채소 토핑

배추와 채소가 듬뿍 들어간 텐리라멘은 스프가 시원하면서 스타미나계 라멘처럼 매콤한 특징이 있습니다.

야키교자나, **차항**같은 사이드 메뉴와도 함께 즐겨보세요!

칼칼하고 시원한 텐리라멘

텐리시와 가까이 있는 나라시에는 사슴에게 직접 먹이를 줄 수 있는 '**나라공원**'이 있습니다. 텐리라멘도 먹고, 한가로이 공원을 거니는 사슴을 만나러 나라공원도 함께 방문해 보시면 어떨까요?

CHAPTER 5
08 和歌山ラーメン
와카야마라멘

간사이 와카야마현 와카야마시 고토치라멘

와카야마라멘
和歌山ラーメン

라멘 정보
라멘 종류: 쇼유라멘
스프 재료: 닭, 돼지
염도: 보통
스프 농도: 다소 진한 편
면 종류 : 일직선 면
역과의 접근성: 약간 가까움

SCAN
소울선기
YOUTUBE
와카야마라멘

마루타카
丸髙中華そば 六十谷店

영업 정보
추천 메뉴: 츄카소바
中華そば 750엔
교통: JR 무소타역(六十谷駅)
에서 도보 16분
시간: 월-일 11:30-20:00
(정기휴일 수요일)

SCAN
마루타카
라멘집
구글앱 링크

간장의 향이 살아있는 풍미 깊은 쇼유라멘

와카야마의 간장은 일본에서 손꼽히는 간장 중 하나이다. 특히 유아사 지역은 간장의 발생지로, 현재도 일본에서 가장 좋은 품질의 간장을 생산하는 곳이다. 와카야마라멘은 진한 돼지 뼈 바탕 스프에 훌륭한 와카야마 간장을 첨가해 만든 일본 고토치라멘이다. 진한 돈코츠를 즐겨 먹는다면 와카야마라멘의 스프가 분명 마음에 들 것이다. 부드러운 목 넘김과 은은한 감칠맛이 무척 뛰어난 스프이기 때문이다. 특히 와카야마 간장의 진한 향이 여운을 남긴다.

와카야마현(和歌山県) 와카야마시(和歌山市)에는 꽤 유명한 고토치라멘인 **와카야마라멘(和歌山ラーメン)**이 있습니다.

★ 우리는 와카야마라멘!! ★

와카야마라멘이 유명해진 것은 1998년 테레비 도쿄(テレビ東京)에서 방송한 **'열도 횡단 일본 제일 라멘 선수권(列島橫断日本一のラーメン選手権)'**에서 *이데쇼텐(井出商店)이 우승하면서부터였습니다.

저 라멘 먹어보고 싶다.

그러게. 한번 먹으러 가볼까?

*이데쇼텐 : 와카야마라멘의 대표적 식당

와카야마라멘은 **이데계(井出系)**와 **마루타카계(丸高系)**로 나뉩니다.

이데키 / 마루타카계

돼지뼈 + 닭뼈 베이스가 기본
↳ 비율은 달라요

돼지뼈 강조 / 간장 강조

와카야마라멘을 판매하는 여러 라멘집에서는 식탁 위에 **하야즈시(즉석초밥)**나 삶은 달걀 등 곁들여 먹기 좋은 음식들이 올려져 있습니다.

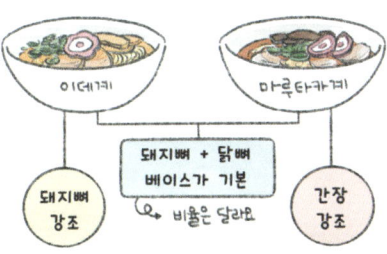

이 사이드 메뉴들은 라멘을 다 먹고 난 뒤 먹은 만큼 함께 계산하면 되니 따로 주문할 필요는 없습니다.

전통적이고 묵직한 돈코츠라멘이 좋다면, **이데계 와카야마라멘**이지!

묵직한 느낌의 라멘이 어렵다면 좀 더 가벼운 느낌의 **마루타카계 와카야마라멘**을 먹는게 좋을지도!

#간사이 지역 에피소드
사라지는 음식을 기록하다

한번은 와카야마 외곽 작은 시골길을 걷고 있었습니다. 재래선 낡은 열차에서 하차한 뒤 라멘집까지 별다른 교통수단이 없어 무조건 걸을 수밖에 없었습니다. 그렇게 한참을 걷다가 차 한 대가 천천히 다가와 창문을 내리고 말을 걸어옵니다. 조수석과 운전석에는 머리가 새하얀 할머니 두 분이 계셨고, 길을 찾는 중이셨습니다. 제가 한국인 관광객이라는 걸 듣고 난 뒤 두 분은 화들짝 놀라 왜 여기서 걷고 있는지 다시 물어보십니다. '라멘 먹으러 왔습니다'라고 말씀드리니 '에에?'라는 소리와 함께 미소를 짓습니다. 저는 이 상황이 제법 즐겁습니다. 그렇게 서로 고갤 숙여 인사하고 각자의 목적지로 향합니다.

그렇습니다. 이런 시골에 관광객이 올 리가 없죠. 그래도 저에겐 이곳이 제 최고의 관광지이며 마치 성지순례 같은 순례길입니다. 그곳이 바다 근처든, 산 위든, 도시든 시골이든, 라멘집이 있다면 말입니다.

걷고 또 걸어 도착한 라멘집에는 차량에서 뵌 듯한 어르신들이 저를 반겨주십니다. 이윽고 수더분한 한 그릇 라멘을 먹고 나니, 왠지 서글퍼집니다. 오랜 시간 한 자리에서 지역민에게 사랑받아 온 고토치라멘집인 이곳도 언젠가 없어지리라 생각하니 말입니다.

그럼에도 불구하고 저는 계속 기록으로 남기려 합니다. 그곳이 어디든 간에 찾아가서 말입니다. 사라지는 라멘집들을 기록하는 것이 라멘을 사랑하는 제게 왠지 의무처럼 느껴집니다. 부디 대를 잇는 사람들이 나오길 바라며, 오늘도 다시 터벅터벅 발걸음을 라멘집으로 옮깁니다.

CHAPTER 06
주 고 쿠

주고쿠 지도

1. 돗토리규코츠라멘
2. 시지미라멘
3. 가사오카라멘
4. 돈카츠라멘
5. 오노미치라멘
6. 히로시마라멘
7. 우베라멘

1. 구라요시시
2. 마츠에시
3. 가사오카시
4. 오카야마시
5. 오노미치시
6. 히로시마시
7. 우베시

CHAPTER 06 주고쿠

CHAPTER 6
01 돗토리규코츠라멘
鳥取 牛骨ラーメン

주고쿠 돗토리현 구라요시시 고토치라멘

돗토리규코츠라멘
鳥取 牛骨ラーメン

라멘 정보

라멘 종류: 규코츠라멘

스프 재료: 소

염도: 짠 편

스프 농도: 다소 묽은 편

면 종류 : 곱슬 면

역과의 접근성: 가까움

SCAN
소울선기
YOUTUBE
돗토리규코츠라멘

이노요시
いのよし

영업 정보

추천 메뉴: A셋토

Aセット 1000 엔

교통: JR 구라요시역(倉吉駅)
에서 도보 14분

시간: 월-토 11:00-14:30 / 18:00-21:00

일 11:00-14:30 / 18:00-20:30 (정기휴일 수요일)

SCAN
이노요시
라멘집
구글맵 링크

밥 한 그릇 뚝딱 말아먹고 싶은 맛

유독 서일본에는 소뼈를 우려낸 스프가 유명한 라멘들이 많은데 고토치라멘으로는 단연 돗토리규코츠라멘이 유명하다. 특히 구라요시시(市)에는 많은 규코츠라멘집들이 분포되어 있는데 그중 '이노요시'는 주민들을 비롯하여, 다른 지역에서 방문하는 관광객들에게도 많은 인기가 있는 라멘집이다. 스프는 기분 좋은 고소한 기름이 느껴지는데, 은은하고 고급스러운 감칠맛이 느껴지는 일품 스프다. 한국 설렁탕과 우족탕 사이의 느낌과 비슷하며, 쫄깃한 중간 굵기의 면과 잘 어울린다. 백후추를 첨가하면 매콤해지는 스프는 마치 탕국을 연상케 한다.

CHAPTER 6
02

しじみラーメン
시지미라멘

주고쿠 시마네현 마츠에시 고토치라멘

시지미라멘
しじみラーメン

라멘 정보

라멘 종류: 시오라멘
스프 재료: 닭, 조개
염도: 보통
스프 농도: 다소 묽은 편
면 종류: 곱슬 면
역과의 접근성: 가까움

카케루
らぁ麺ダイニング為セバ成ルKAKERU

영업 정보

추천 메뉴: 시지미라멘
しじみらぁ麺 860엔
교통: JR 마쓰에역(松江駅)
에서 도보 1분
시간: 월-일 11:00-23:00
(정기휴일 부정기적)

SCAN
소울선기
YOUTUBE
시지미라멘

SCAN
카케루
라멘집
구글맵 링크

밥 한 그릇 뚝딱 말아먹고 싶은 맛

'시지미'라 불리는 재첩은 강이나 호수, 하천 등에 서식하며 많은 식재료에 사용되고 있다. 한국과 더불어 일본에서도 여러 국물 요리에 사용되는 시지미를 역시 라멘에서도 찾아볼 수 있다. 신지호(湖)의 시지미는 일본 전국적으로 유명하며, 마쓰에역 안에 있는 라멘집 '카케루'의 시지미라멘은 스프가 무척 맑고 조개의 시원함이 느껴진다. 복잡하지 않고 직관적인 맛이 느껴지는 스프에 부드러운 곱슬면은 궁합이 훌륭하다. 시지미 조갯살에선 강물의 풍미를 단번에 느낄 수 있고, 식감이 아주 쫄깃하다.

*시지미라멘: 신지코 호수에서 잡은 시지미(재첩)로 만든 라멘으로 유명해졌다.

CHAPTER 6
03 笠岡ラーメン
가사오카라멘

주고쿠 오카야마현 가사오카시 고토치라멘

가사오카라멘
笠岡ラーメン

라멘 정보
라멘 종류: 쇼유라멘
스프 재료: 닭
염도: 다소 짠 편
스프 농도: 다소 묽은 편
면 종류 : 일직선 면
역과의 접근성: 가까움

SCAN
소울선기
YOUTUBE
가사오카라멘

츄카소바 사카모토
中華そば 坂本

영업 정보
추천 메뉴: 츄카소바
中華そば 600엔
교통: JR 가사오카역(笠岡駅)
에서 도보 5분
시간: 월-토 9:30-13:30
(정기휴일 목,일요일)

SCAN
츄카소바 사카모토
라멘집
구글맵 링크

쫄깃하고 담백한 지도리를 이용한 라멘

가사오카시(市)는 오카야마현에 속해 있는 인구 5만 명이 조금 넘는 도시이며 지역만의 뚜렷한 특성을 가진 고토치라멘이 있다. 스프부터 고기 토핑까지 전부 닭으로 되어 있는데, 양계업이 번성한 시절에 닭을 이용한 요리를 라멘에 적용하면서부터 시작되었다. 특히 닭을 이용한 차슈가 라멘 위 토핑으로 나오는 특징은 일본 어디서도 찾기 힘들다. '츄카소바 사카모토'의 가사오카라멘은 진하고 짭짤한 스프이다. 감칠맛보다는 닭의 향미가 깊숙이 느껴진다. 농후하고 투박한 스프는 식감이 단단한 일직선 면과 조합이 좋으며, 질긴 닭고기는 씹으면 씹을수록 단맛이 느껴지는 재미있는 토핑이다.

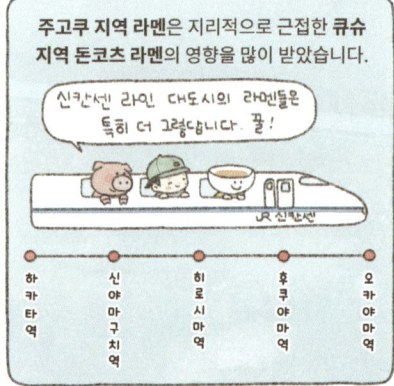

가사오카라멘의 특징

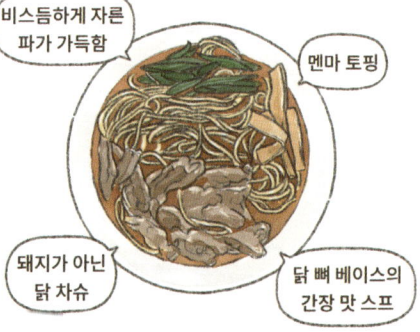

CHAPTER 6
04 돈카츠라멘
トンカツラーメン

주고쿠 오카야마현 오카야마시 고토치라멘

돈카츠라멘
トンカツラーメン

라멘 정보

라멘 종류: 쇼유라멘

스프 재료: 닭, 돼지

염도: 다소 짠 편

스프 농도: 보통

면 종류 : 일직선 면

역과의 접근성: 가까움

SCAN 소울선기 YOUTUBE 돈카츠라멘

츄카소바 아사즈키
中華そば 浅月本店

영업 정보

추천 메뉴: 카츠소바

カツそば 1100엔

교통: JR 오카야마역(岡山駅)

에서 도보 6분

시간: 월-일 10:30-20:00

(정기휴일 목요일)

SCAN 츄카소바 아사즈키 라멘집 구글맵 링크

바삭한 돈카츠를 토핑으로 즐기는 라멘

70만 인구의 대도시 오카야마는 신칸센과 재래선, 트램 등이 도시를 지나며, 시코쿠로 향하는 철도의 관문 같은 곳이다. 이곳의 고토치라멘은 돈카츠라멘인데, 오카야마시(市)에서 다수의 라멘집들이 모여 고토치라멘을 발전시키고 있다. 돈카츠 자체만으로도 제법 비싼 음식이다 보니 라멘의 토핑으로 돈카츠를 접목시켜 대중화에 힘썼다. '츄카소바 아사즈키'는 돈카츠라멘의 상징과도 같은 라멘집으로, 진한 쇼유돈코츠 스프에 커다란 돈카츠를 함께 즐길 수 있다. 와카야마라멘에 비해 조금 연한 돈코츠스프이며, 돼지 본연의 육향을 잘 담은 바삭거리는 돈카츠와 안성맞춤이다.

돈카츠라멘의 특징

CHAPTER 6
05 尾道ラーメン
오노미치라멘

주고쿠 히로시마현 오노미치시 고토치라멘

오노미치라멘
尾道ラーメン

라멘 정보

라멘 종류: 쇼유라멘
스프 재료: 닭, 돼지
염도: 보통
스프 농도: 보통
면 종류 : 일직선 면, 납작 면
역과의 접근성: 약간 가까움

SCAN
소울선기
YOUTUBE
오노미치라멘

로얄호텔
尾道ロイヤルホテル

영업 정보

추천 메뉴: 오노미치라멘
尾道ラーメン 800엔
교통: JR 오노미치역(尾道駅)
에서 도보 14분
시간: 월-일 7:00-21:00
(정기휴일 부정기적)

SCAN
로얄호텔
라멘집
구글맵 링크

고소한 세아부라가 씁쓸한 간장 맛을 중화시킨다

오노미치라멘은 주고쿠에서 가장 유명한 고토치라멘이며 일본 전역에도 널리 알려져 있다. 돼지 뼈를 사용해 탁하게 만든 대부분의 주고쿠라멘과는 다르게 오노미치라멘은 맑은 스프가 주를 이룬다. 불규칙한 크기의 세아부라가 올려져 있는 것도 오노미치라멘의 특징이다. 오노미치역과 오노미치 시내 곳곳에는 수많은 오노미치라멘집이 있지만 '오노미치 로얄호텔' 2층 식당은 세토해를 바라보며 여유 있게 오노미치라멘을 즐길 수 있는 훌륭한 장소다. 마치 잘 알려지지 않은 비밀 맛집처럼 느껴진다. 이곳 오노미치라멘의 특징은 초반에는 씁쓸한 간장 맛이 느껴지지만, 먹으면 먹을수록 세아부라와 어우러지면서 특유의 고소함이 느껴진다는 것이다. 얇고 부드럽게 익혀진 면과 입에 넣으면 녹아 없어질 듯 부드러운 차슈는 훌륭한 조합을 이룬다.

문득문득 너무나도 예뻤던 도시
'오노미치(尾道)'가 떠오를 때가 있습니다.

그곳을 떠올릴 때면, 적당히 살랑거리던 그곳의 바람이
아직도 생생히 느껴지는 것 같습니다.

라멘 여행을 위해 오노미치를 처음 찾아갔던 날,
아름다운 경치를 한껏 뽐내는 풍경에
저도 모르게 가슴이 설레었습니다.
마치 어린 시절 여자아이에게 갑자기 받았던
깜짝선물처럼 가슴이 콩닥거렸지요.

하늘은 더없이 맑았고, 평화로운 마음에는
행복이 가득 찼습니다

라멘을 찾아 먼 길을 찾아온 제게,
오노미치가 주는 작은 선물 같았습니다.

오노미치라멘(尾道ラーメン)은 주고쿠 지역을 대표하는
꽤 유명한 고토치라멘 중 하나입니다.
오노미치라멘의 맛과 명성은 인접 도시에도 영향을 주었는데,

히로시마뿐만 아닌 더 멀리 있는 이와쿠니까지 영향을 끼쳤을 정도이니, 주고쿠 지역에서의 **오노미치라멘**의 영향력이 대단한걸.

히로시마의 타베로그 1위 라멘집도
오노미치라멘의 영향을 받아 만들어졌습니다.

주고쿠 지역 고토치라멘은 큐슈의 영향을 받아
대부분 돈코츠 기반의 라멘들이지만,
유독 **히로시마**와 **오카야마** 지역 사이에는 돈코츠가 아닌
다양한 재료로 만든 라멘들이 있습니다.

그리고 그 중심에는 **오노미치라멘**과 오카야마 **가사오카 라멘**이 있습니다.

오노미치라멘의 특징

스프 위에 불규칙한 크기의 *세아부라가 올려져 있음

보통 쇼유 베이스의 츄카소바임

토핑은 식당마다 차이가 있음

*세아부라: 돼지 어깨, 등 부위의 지방성분

CHAPTER 6
06

広島ラーメン
히로시마라멘

주고쿠 히로시마현 히로시마시 고토치라멘

히로시마라멘
広島ラーメン

라멘 정보

라멘 종류: 쇼유라멘

스프 재료: 닭, 돼지

염도: 보통

스프 농도: 보통

면 종류: 일직선 면

역과의 접근성: 가까움

츄카소바 스즈메
中華そばすずめ

영업 정보

추천 메뉴: 츄카소바

中華そば 750엔

교통: 히로시마전철 후나이리사이와이초역
(舟入幸町駅)에서 도보 2분

시간: 월-토 11:30-15:00

(정기휴일 일요일)

쫄깃하고 담백한 지도리를 이용한 라멘

히로시마라멘은 오래전 포장마차로부터 시작되었다. '오키미노루'가 운영했던 '상하이'라고 하는 포장마차가 히로시마라멘의 원류인데, 1970년 '오키미노루'의 차남 '오키세이지'가 '시마이'를 오픈한다. 이후 히로시마라멘을 대표하는 '츄카소바 스즈메' 라멘집은 '오키미노루'의 조카 딸이 영업을 시작했고 여전히 현재까지 그 인기가 대단하다. 츄카소바 스즈메에서는 히로시마라멘인 쇼유돈코츠와 매콤한 시루나시탄탄멘을 함께 대표 메뉴로 판매하고 있는데, 쇼유돈코츠라멘 스프는 적절한 염도에 돼지 뼈 특유의 쿰쿰함도 덜하고 부드러워 마치 우사골이 첨가된 듯 묘한 착각에 빠질 정도로 대중적인 스프다. 라멘 토핑인 얇고 가느다란 숙주가 굉장히 잘 어울리는데, 면과 스프, 각종 토핑들의 조화가 놀랄 만큼 훌륭하다.

주고쿠 지역 라멘들이 대부분 그러하듯, **히로시마라멘(広島ラーメン)** 역시 큐슈의 영향을 받아 돈코츠 스프가 기본인 라멘입니다.

히로시마
큐슈

돈코츠 스프에 **간장 타레(양념간장)**를 더하여 대중적인 맛이며,

토핑으로 **숙주**가 올려지는 것이 **히로시마라멘의 특징**입니다.

히로시마에는 돈코츠와 간장을 기본으로 한 츄카소바 외에도

츠케멘
매콤한 맛의 츠케지루

깨가 잔뜩 들어간 *츠케지루에 면을 찍어 먹는 **츠케멘(つけ麵)**이 있는데, 이 또한 이 지역 고토치라멘으로 유명합니다.

*츠케지루: 곁들여 내는 국물

히로시마는 **오코노미야키**도 무척 유명합니다. 오사카의 오코노미야키와는 또 다른 맛이 있으니, 라멘과 함께 즐겨보시길 추천합니다.

히로시마 오코노미야키는 재료들을 섞어 구워내는 것이 아닌, 층을 쌓아 올려 구워내기 때문에 식감이 더 바삭합니다.

CHAPTER 6
07

宇部ラーメン
우베라멘

주고쿠 야마구치현 우베시 고토치라멘

우베라멘
宇部ラーメン

라멘 정보

라멘 종류: 돈코츠라멘
스프 재료: 돼지
염도: 보통
스프 농도: 보통
면 종류 : 일직선 면
역과의 접근성: 약간 가까움

SCAN
소울선기
YOUTUBE
우베라멘

오사카야
大阪屋

영업 정보

추천 메뉴: 라멘
ラーメン 550엔
교통: JR 고토시바역(琴芝駅)
에서 도보 8분
시간: 화-일 11:00-15:00 / 18:00-23:00
(정기휴일 월요일)

SCAN
오사카야
라멘집
구글맵 링크

쿠루메 돈코츠가 생각나는 맛

야마구치현에 속한 우베라멘은 혼슈 가장 남단에 있으며, 특히 큐슈 돈코츠라멘의 영향을 가장 많이 받은 고토치라멘이다. 지리적으로는 주고쿠에 속해 있으나 라멘 스타일만 본다면 또 다른 큐슈 고토치라멘이라 해도 믿을 정도이다. 그럼에도 우베라멘은 자신만의 정체성을 잘 찾아 지역 주민들에게 녹아들고 있다. 우베라멘의 시작점과 같은 '오사카야'는 아케이드 상점가에서 터줏대감처럼 오랜 시간 주민들의 사랑을 받아온 라멘집으로, 스프가 쿠루메 돈코츠 스프를 떠올릴 만큼 맛이 비슷하다. 적당히 부드러운 농후 스프는 누구나 쉽게 접할 수 있을 만큼 대중적이며 중간 굵기의 부드러운 면과 다소 질긴 차슈, 파와 멘마로 구성된 수더분한 모습이다.

#주고쿠 지역 에피소드
경제적 기쁨 이상의 행복을 느낄 수 있는 라멘 여행

추석 연휴가 시작되는 주에는 사무실에서부터 사뭇 공기가 다릅니다. 다들 설레는지 웃으며 이야기 나누는 분위기가 좋습니다. 정해진 휴가 외에는 연차, 월차가 없는 작은 건축사사무소 설계 기사인 저는 항상 명절이 되면 취재라는 좋은 핑계로 일본으로 라멘 투어를 떠나왔습니다. 올해도 어김없이 일본으로 향하는데, 북적거리는 공항을 벗어나 비행기에 올라타자마자 느껴지는 해방감이란, 마치 군대에서 휴가 나온 기분과 비슷합니다.

간사이공항의 많은 인파를 비집고 나와 신오사카행 특급 열차 하루카에 탑승해 창밖 너머 바다를 바라보면, 설레는 감정이 폭발합니다. 이제 라멘만 먹으면 완벽합니다.

목적지인 야마구치현 구다마쓰시의 '츄카소바 코우란'은 원조 규코츠를 자랑하는 유명 라멘집입니다. 열차에서 내리자마자 빠른 속도로 라멘집으로 향합니다. 영업 종료 시간이 얼마 남지 않았기 때문입니다. 무거운 백팩을 뒤흔들며 달리는 지금, 헉헉거리며 숨찬 제 가슴은 설렘과 불안이 공존합니다. 저 멀리 라멘집 안으로 빠르게 들어가는 택시 기사님이 보입니다. 저분도 저처럼 규코츠라멘을 즐기러 왔나 봅니다. 다행히 시간을 맞추었기에 크고 넓은 식당에 단둘이 앉아 츄카소바를 기다립니다.

소뼈로 우려낸 스프는 맑고 시원하며 무척 감칠맛이 좋습니다. 밥을 말아 먹어도 이 규코츠라멘은 분명 최고의 국밥이 될 것 같네요. 순식간에 라멘을 먹어 치우고 감사의 인사를 드리며 자주 보던 이곳 라멘 영상을 사장님께 보여드리자 무척 기뻐하십니다.

추석인지라 평소보다 비싼 가격의 항공권에 레일패스까지, 지출 금액이 너무나 크지만 그 이상의 행복을 느낄 수 있었던 고마운 오늘, 연휴의 시작이 너무나도 좋습니다. 자, 이제 다른 라멘을 먹으러 가야겠습니다!

CHAPTER 07
시코쿠

시코쿠 지도

① 도쿠시마라멘
② 효우케라멘
③ 나베야키라멘

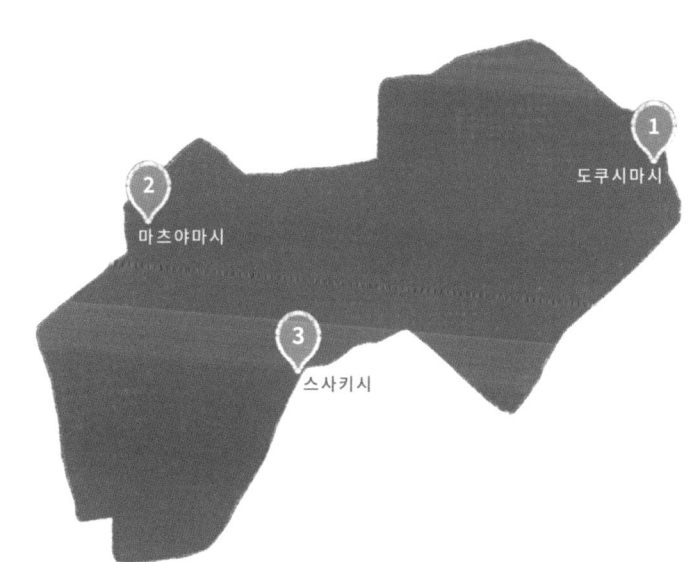

CHAPTER 07 시코쿠

CHAPTER 7
01 徳島ラーメン
도쿠시마라멘

시코쿠 도쿠시마현 도쿠시마시 고토치라멘

도쿠시마라멘
徳島ラーメン

라멘 정보

라멘 종류: 쇼유라멘
스프 재료: 돼지, 닭
염도: 보통
스프 농도: 보통
면 종류 : 일직선 면
역과의 접근성: 약간 가까움

SCAN
소울선기
YOUTUBE
도쿠시마라멘

긴자잇푸쿠
銀座一福 本店

영업 정보

추천 메뉴: 츄카소바
中華そば 700엔
교통: JR 도쿠시마역(徳島駅)
에서 도보 13분
시간: 화-일 11:00-18:00
(정기휴일 월요일)

SCAN
긴자잇푸쿠
라멘집
구글맵 링크

스키야키가 떠오르는 고기 토핑이 올라간 라멘

돼지 뼈를 기본 바탕으로 사용하고 간장이 가미되는 돈코츠쇼유계 고토치라멘은 일본 곳곳에서 찾아볼 수 있는데, 그중 도쿠시마라멘은 돈코츠쇼유의 장점만을 모아 만들어진 라멘으로, 훌륭한 맛을 자랑한다. 도쿠시마의 '긴자잇푸쿠'는 1951년부터 현재까지 많은 지역민과 관광객들에게 두루두루 사랑받아 온 도쿠시마라멘집이다. 그릇에는 토핑으로 고기가 가득 올려져 있고 그 중앙에는 날계란 노른자가 얹어져 있다. 츄카소바의 스프는 부드러운 감칠맛이 느껴지고, 짭조름한 스프에 적셔진 고기는 스키야키를 떠올리게 한다. 볶음밥과도 궁합이 상당히 좋으니 세트로 주문하는 걸 잊지 말자.

CHAPTER 7
02

瓢系ラーメン
효우케라멘

시고쿠 에히메현 마츠야마시 고토치라멘

효우케라멘
瓢系ラーメン

효우타
瓢太

라멘 정보

라멘 종류: 쇼유라멘
스프 재료: 돼지, 닭
염도: 다소 낮은 편
스프 농도: 보통
면 종류 : 일직선 면
역과의 접근성: 보통

영업 정보

추천 메뉴: 츄카소바
中華そば 800엔
교통: 이요철도 미나미호리바타역(南堀端駅)
에서 도보 2분
시간: 월-토 11:30-14:00 / 18:00-23:00
(정기휴일 일요일)

SCAN
소울선기
YOUTUBE
효우케라멘

SCAN
효우타
라멘집
구글맵 링크

자꾸 생각나게 만드는 달콤한 쇼유라멘

자극적이지 않고 달고 부드러운 효우케라멘의 매력은 호불호가 있겠지만, 지역 주민들에게는 해장 라멘으로 유명한 고토치라멘이다. 효우케라멘의 상징과도 같은 '효우타'는 달콤한 스프가 묘하게 중독적인데, 스프 속 옅은 간장 맛과 향이 은근히 잘 어울린다. 기본적으로 뿌려 나온 백후추가 스프를 매콤하게 해주며, 후에 첨가하는 시치미는 더욱 스프를 매콤달콤하게 만드는 매력이 있다. 푹 익혀진 면은 부드러운 스프와 잘 어울리며, 입에 넣자마자 살코기가 녹듯 없어지는 차슈의 맛도 훌륭하다.

에히메현(愛媛県)에는 *타베로그 상위권에 있는 라멘집 '효우타(瓢太)'가 있습니다.

이곳에서 에히메현 마츠야마시의 고토치라멘인 **효우케라멘(瓢系ラーメン)**을 만날 수 있습니다.

*타베로그: 미쉐린 가이드 같은 일본 음식 랭킹 사이트

효우케라멘은 앞서 소개한 반슈라멘처럼 달달한 맛이 나는 스프의 라멘입니다.

효우케라멘은 고토치라멘으로서의 위상은 높지 않지만 지역주민들에게는 **해장라멘**으로 큰 사랑을 받고 있으며,

라멘과 더불어 오뎅 등 다른 음식들을 함께 먹는편입니다.

마츠야마시에는 한국인들에게도 많이 알려진 **'도고 온천(道後温泉)'**이 있습니다.

도고 온천을 즐기러 올 때는 **효우케라멘**도 잊지 마세요!

CHAPTER 7
03

鍋焼き ラーメン
나베야키라멘

시고쿠 고치현 스사키시 고토치라멘

나베야키라멘
鍋焼き ラーメン

라멘 정보
라멘 종류: 쇼유라멘
스프 재료: 닭
염도: 다소 짠 편
스프 농도: 보통
면 종류 : 일직선 면
역과의 접근성: 가까움

스사키에키마에쇼쿠도
すさき駅前食堂

영업 정보
추천 메뉴: 나베야키라멘
鍋焼き ラーメン 600엔
교통: JR 스사키역(須崎駅)
에서 도보 2분
시간: 월-일 10:00-16:00
(정기휴일 수요일)

김이 모락모락, 뜨끈뜨끈 나베야키라멘

배달을 주로 하던 음식점에서 보온 유지를 위해 나베야키 냄비에 라멘을 배달하면서 시작된 고토치라멘이 고치현 스사키시(市)의 나베야키라멘이다. 일반적인 라멘 그릇에 나오는 라멘이 아닌 좀 더 넓고 뜨거운 그릇에 담아 나오는 나베야키라멘은, 먹는 방법이 일반적인 라멘에 비해 다양한 편이다. 날계란이 토핑으로 추가되는데, 밥과 함께 말아 마치 죽처럼 즐기는 듯한 방법도 있다. '스사키에키마에쇼쿠도'의 스프는 한국에서 자주 먹던 인스턴트 라면의 맛이 느껴질 정도로 익숙하고 일본간장의 향이 은은하게 느껴진다. 라멘을 다 먹기 전까지 따뜻하게 먹을 수 있다는 장점이 있으나, 스프는 매우 뜨거우니 주의하자.

한국에도 널리 알려진 *나베 요리는 일본의 대표 가정식입니다.

*나베 요리: 냄비에 넣어 끓인 상태로 식탁에 제공되는 요리

변신의 귀재인 라멘이 빠질 수 없지요. **나베 냄비에 담겨 나오는 라멘**이 있는데요,

나베야키라멘

바로 **고치현(高知県)** 스사키시(須崎市)의 명물 **나베야키라멘(鍋焼き ラーメン)**입니다.

오랫동안 따뜻하게 먹을 수 있는 **나베야키라멘**은 **고치현의 대표적 고토치라멘**입니다.

여기 나베야키라멘은 꼭 먹어야해!

고치현으로 놀러 오는 일본인들이라면 꼭 한 번 즐기고 싶어 하는 요리이지요!

고치현 중에서도 **스사키역** 주변에 있는 나베야키라멘이 특히 유명합니다.

나베야키라멘집

JR스사키역

나베야키라멘의 특징

- 뜨거운 냄비에 라멘이 나옴
- 닭 베이스의 맑은 쇼유 스프 기반
- 오뎅 토핑

면을 건져 먹고 난 뒤 남은 스프에 **날달걀**과 **밥**을 넣어 죽처럼 만들어 먹기도 합니다.

#시코쿠 지역 에피소드
트럭 기사들의 사랑으로 전국에 알려진 이에케라멘

요코하마 이에케라멘의 시작점인 '요시무라야'. 그리고 요시무라야에서 수행한 많은 제자들이 요시무라야 이에케라멘의 원칙을 준수하며, 일본 각 지역에 라멘집을 열었습니다. 시코쿠에도 요시무라야 이에케라멘 직계점이 있는데, 사누키우동으로 유명한 다카마츠시(市)에 있습니다.

카가와현 155번 도로 바로 옆에 위치한 '다카마츠야'는 영업시간 한 시간 전부터 대기 줄을 서는 인기 라멘집입니다. 한 시간 반 전에 도착해 가장 먼저 기다리고 있는 제게 두 번째로 도착한 한 일본인이 말을 걸어옵니다. 너털웃음을 짓는 아저씨는 인상이 무척 좋습니다. 저는 한국인이며, 이에케라멘 직계를 모두 먹어 보는 도전을 하고 있다 말씀드리니 무척 반가워하십니다. 자신은 트럭 운전기사이며, 운수업에 종사한 지 오래되었다고 말씀하십니다.

이에케라멘과 트럭 기사는 떼려야 뗄 수 없는 밀접한 관계에 있습니다. 바로 트럭 운전기사들에 의해 이 라멘이 장르화되었기 때문입니다. 수많은 트럭 운전기사들이 이에케라멘에 매료되어 점점 전국에 소문이 퍼져나갔고 결국 수많은 라멘 종류 중 한 계통으로 자리 잡게 되었습니다. 따라서 오늘 이곳에서 트럭 운전기사인 아저씨를 만난 것은 우연이라 볼 수 없습니다. 기사님은 다카마츠야의 라멘을 어떻게 먹는 게 가장 맛있는지 설명도 해주셨습니다. 우리는 함께 맛있는 이에케라멘을 먹었고, 라인 아이디를 나눈 뒤 다음을 기약하며 헤어졌습니다.

라멘을 통해 사귀게 된 일본 친구들이 저는 많이 있습니다. 라멘집 사장님, 길에서 만나 친해진 친구, 라멘집 앞에서 대기하면서 친해진 친구도 있지요. 라멘을 통해 만들어진 인연이 많아질수록 더욱 라멘 투어의 보람과 기쁨은 커져 갑니다.

반가웠어요. 트럭 기사 형님! 다음에 또 함께 이에케라멘 먹으러 가요!

CHAPTER 08
규슈
오키나와

큐슈·오키나와 지도

① 하카타라멘
② 나가하마라멘
③ 쿠루메라멘
④ 다마나라멘
⑤ 사가라멘
⑥ 아고다시라멘
⑦ 쿠마모토라멘
⑧ 사이키라멘
⑨ 미야자키라멘
⑩ 미야자키카라멘
⑪ 가고시마라멘
⑫ 오키나와소바

CHAPTER 08 큐슈·오키나와

CHAPTER 8
01 博多ラーメン 하카타라멘

큐슈 후쿠오카현 후쿠오카시 고토치라멘

하카타라멘
博多ラーメン

라멘 정보
라멘 종류: 돈코츠라멘
스프 재료: 돼지
염도: 보통
스프 농도: 보통
면 종류: 일직선 면
역과의 접근성: 가까움

SCAN
소울선기
YOUTUBE
하카타라멘

하카타라멘 시바라쿠
博多ラーメン しばらく 西新本店

영업 정보
추천 메뉴: 라멘
ラーメン 770엔
교통: 공항선 니시진역(西新駅)
에서 도보 2분
시간: 화-토 11:00-21:00
(정기휴일 월,일요일)

SCAN
하카타라멘
시바라쿠
라멘집
구글맵 링크

하카타라멘의 명성을 널리 알린 곳

일본 전역에 하카타라멘의 이름을 널리 알린 '시바라쿠'는 1953년부터 영업을 시작한 하카타라멘의 원조 격 라멘집이다. 한국 사람들에게 가장 큰 사랑을 받고 있는 구수한 돼지 뼈 스프 기반의 하카타라멘은 마치 부산 지역 돼지국밥 국물이 연상된다. 담백한 맛에 가까운 스프는 농후하지 않고 가벼우며 대중들 모두 좋아할 만한 스프다. 대부분의 하카타라멘은 면이 얇지만 이곳은 면이 조금 더 굵고 식감이 쫄깃하다. 살코기로만 이루어진 차슈는 돼지고기 육향이 잘 느껴지며, 목이버섯과 파 토핑이 스프와 무척 잘 어울린다. 한 그릇을 먹고 나니 역시 원조의 품격이 느껴진다.

돈코츠를 사용한 **하카타라멘(博多ラーメン)**은
일본 3대 라멘 중 하나입니다.

큐슈를 대표할 뿐만 아니라 일본 전역에서
큰 인기를 누리고 있는 **유명한 고토치라멘**이지요.

하카타라멘을 유명하게
만든 곳은 1953년 영업
을 시작한 **'하카타라멘
시바라쿠(博多ラーメ
ン しばらく)'**입니다.
하카타라멘의 역사와도
같은 곳입니다.

이곳에서 처음 시도한 방식인 **하카타라멘의 특징**은
다음과 같습니다.

하카타라멘은 한국인들에게 친숙한 **돼지국밥**과 **비슷한 맛**이라, 특히 한국인들에게 큰 사랑을 받아왔습니다.

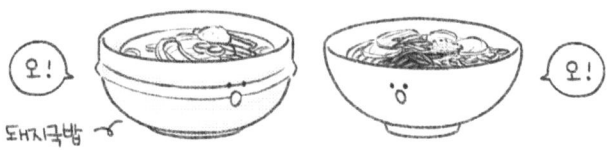

한국인들에게 인기 있는 여행지인 후쿠오카 거리를 걷다보면 쿰쿰한 돼지냄새가 풍길 때가 있는데요, 그 정체는 바로 **하카타라멘**입니다.

하카타라멘 스프는 대부분 농후하지만, 라멘집마다 스프 농도가 다르니 취향대로 가보시길 추천합니다.

하카타라멘을 판매하는 라멘집 중 **'이치란 (一蘭)'**은 한국인들에게 가장 잘 알려진 곳입니다. 도서관처럼 **개인 칸막이**가 있는 것이 특징이지요.

일본 각 지역에 이치란 분점이 있지만 **후쿠오카에 있는 이치란이 본점**입니다.

하카타라멘의 천국 후쿠오카. 나에게 맞는 하카타라멘을 찾아보는 모험, 어떠세요?

CHAPTER 8
02

長浜ラーメン
나가하마라멘

큐슈 후쿠오카현 후쿠오카시 고토치라멘

나가하마라멘
長浜ラーメン

라멘 정보

라멘 종류: 돈코츠라멘

스프 재료: 돼지

염도: 보통

스프 농도: 다소 묽은 편

면 종류 : 일직선 면

역과의 접근성: 약간 가까움

SCAN
소울선기
YOUTUBE
나가하마라멘

간소나가하마야
元祖長浜屋

영업 정보

추천 메뉴: 라멘

ラーメン 550엔

교통: 공항선 아카사카역(赤坂駅)
에서 도보 11분

시간: 월-일 5:00-25:45
(정기휴일 부정기적)

SCAN
간소나가하마야
라멘집
구글맵 링크

부담되지 않는 가벼운 돈코스라멘을 즐기고 싶다면

나가하마라멘은 하카타라멘과 더불어 후쿠오카에서 함께 발달해온 유명한 고토치라멘이다. 하카타라멘과의 가장 큰 차이점이라면 다소 연하고 맑은 스프라는 점. 그 외에는 첨가되는 대부분의 토핑이나 면 스타일, 익힘 방식 등이 같다. 인접 지역 도시들의 라멘의 형태가 비슷하게 형성되는 것은 어쩌면 당연한 일이다. 지역적 특성에 따른 문화 형성이 비슷하기도 하거니와 사람들이 많이 찾는 음식일수록 고객의 필요를 반영해 음식이 만들어지기 때문이다. 나가하마라멘의 원조 '간소나가하마야'의 맑고 구수한 스프는 한 입만 떠먹어도 바로 그 매력을 느낄 수 있다. 특히 깨와 후추를 첨가하면 배로 맛있어진다. 주문과 동시에 일 분도 채 되지 않아 나오는 라멘은 놀랍기까지 하다.

나가하마라멘의 특징

CHAPTER 8
03

久留米ラーメン
쿠루메라멘

큐슈 후쿠오카현 쿠루메시 고토치라멘

쿠루메라멘
久留米ラーメン

라멘 정보

라멘 종류: 돈코츠라멘

스프 재료: 돼지

염도: 보통

스프 농도: 진한 편

면 종류 : 일직선 면

역과의 접근성: 약간 가까움

세이요켄
久留米ラーメン 清陽軒 本店

영업 정보

추천 메뉴: 야타이시코미라멘

屋台仕込みラーメン 770엔

교통: JR 구루메코코마에역(久留米高校前駅)
에서 도보 14분

시간: 월-금 11:00-21:00 토, 일 10:30-21:00
(정기휴일 화요일)

남다른 돈코츠라멘의 원조

쿠루메시(市)는 돈코츠라멘의 원조 지역이자, 돈코츠라멘에 있어 가장 의미 있는 곳이다. 그중 '세이요켄'은 쿠루메시에서 지역 주민들과 관광객들에게 많은 사랑을 받고 있다. 후루카와 히데키 대표가 운영하는 공장에서 균일한 공정에 따라 만들어지는 스프와 면, 각종 재료는 세이요켄의 여러 지점으로 제공되며, 요비모도시라는 방법으로 만드는 훌륭한 스프를 어느 지점에서나 동일하게 맛볼 수 있다. 스프는 돼지만 사용한 부드러운 스프인데, 돼지 특유의 잡내가 전혀 느껴지지 않는다. 보통 익힘으로 삶아진 면은 하카타면보다 굵고 식감이 좋으며 입에 넣으면 녹아내릴 듯 부드러운 차슈는 스프와도 완벽한 궁합을 이룬다. 하카타라멘에선 보기 힘든 김도 꽤 잘 어울리는 토핑인데, 고소한 깨와 좋은 궁합을 선보인다.

2014년, 일본라멘 여행을 처음 시작한 곳은 **큐슈 후쿠오카**입니다.
후쿠오카에 가면 십여 년 넘게 **'게스트하우스 나카이마**
(ゲストハウス中今)' 라는 곳에서 머물고 있습니다.

오랜 시간 동안 이곳에 자주 머물게 되면서 사장님인
'키하라 타카오(木原 崇雄)'씨와 친해지게 되었고,

라멘도 함께 자주 먹으러 다녔습니다.

그러다 이곳에서 스텝으로 일하던
'우치다 사유리(内田小百合)' 씨의 소개로

'세이요켄(久留米ラーメン清陽軒 本店)' 사장님을 소개받게 되었습니다.
세이요켄은 **'쿠루메라멘(久留米ラーメン)'**으로 유명한 곳입니다.

후루카와 히데키(古川 秀希)씨

세이요켄 사장님인 **'후루카와 히데키(古川 秀希)'**씨와 쿠루메라멘을
함께 먹으며 쿠루메라멘에 대한 자세한 설명을 들을 수 있었고,

이후 세이요켄 라멘집의 **돈코츠 스프를 만드는 공장**을
견학할 수 있었습니다.

일곱 개 매장의 작업량을
줄이기 위해 **중앙 주방 형태**로
공장을 운영하고 있습니다.

여러 매장 **라멘 맛의
균일화**를 위해 공장에서
스프를 만들고 있고,

창문을 통해
누구나 공장 내부를
들여다 볼 수 있어!

스프는 물론 **차슈, 면,**
가게에서 사용하게 되는
여러 식재료를 이곳에서
가공합니다.

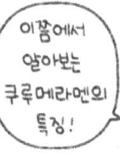

이쯤에서
알아보는
쿠루메라멘의
특징!

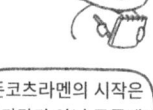

쿠루메라멘의 특징

**요비모도시(呼び戻し,
사용한 스프가 줄어들면
새로운 스프를 첨가해
계속 만들어내는 방식)**
스프를 사용

돈코츠라멘의 시작은
하카타가 아닌 쿠루메!
쿠루메가 원조

하카타라멘에 비해
**가수율(면에 포함되는
수분양)**이 높고 면이 굵음

라멘 여행을 통해 많은 인연을 만나고 있지만,
이번 경험은 저에게 **무척 특별한 선물** 같았습니다.

라멘이라는 연결점으로 다른
사람들의 삶과 이어져 가고,
이야기가 만들어지는 일은
정말 멋진 일이야!

이번 경험을 통해, 라멘에 대한 기록과 경험이 더 풍성해지고
또 한 번 성장하게 되었습니다.

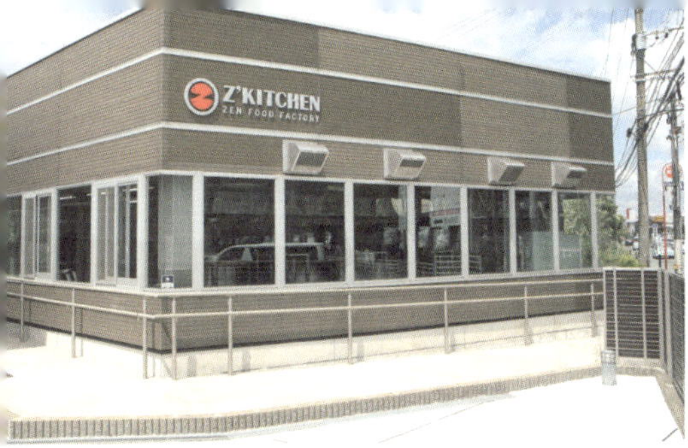
Z'KITCHEN
ZEN FOOD FACTORY

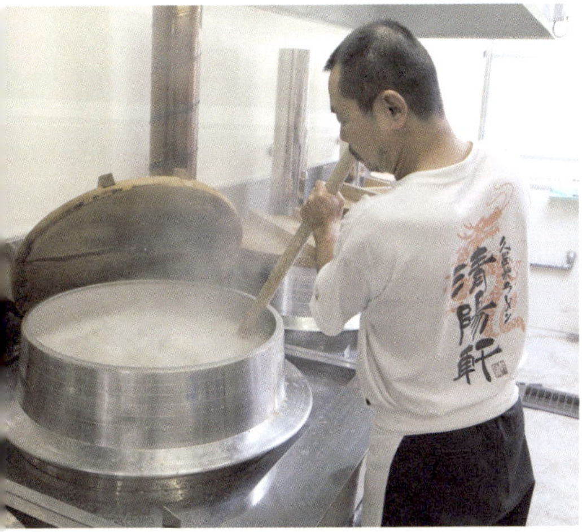
清陽軒

清陽軒
ご注文口
入口

清陽軒
清陽軒

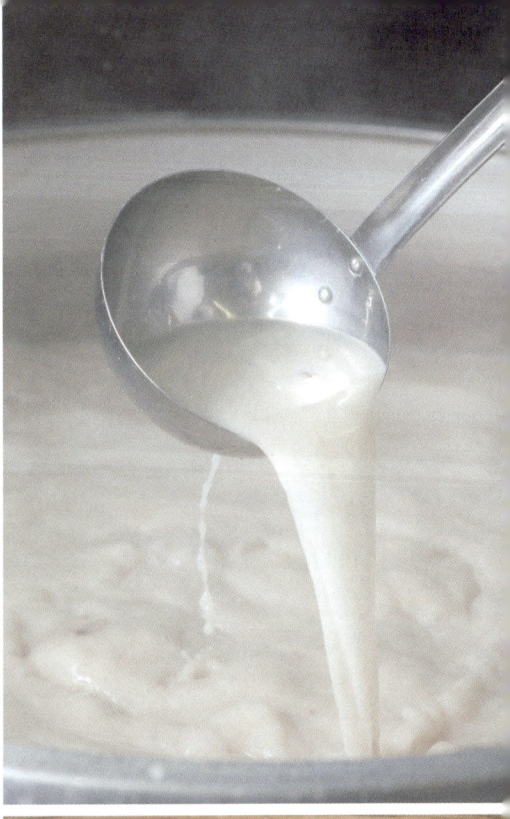

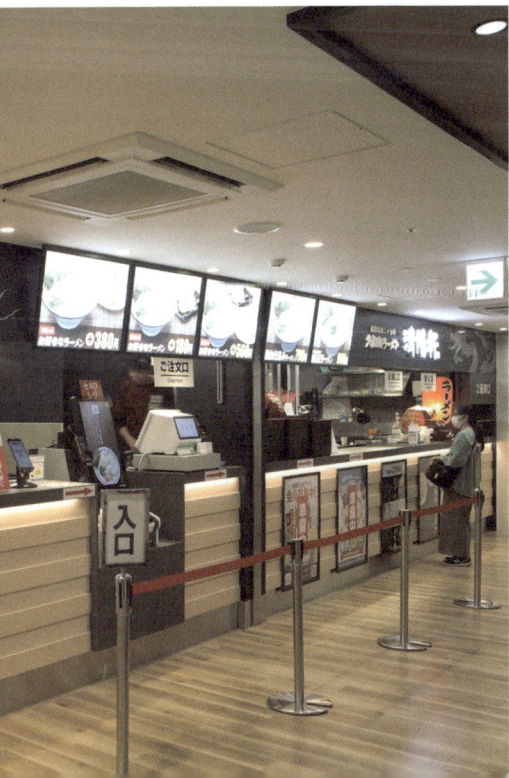

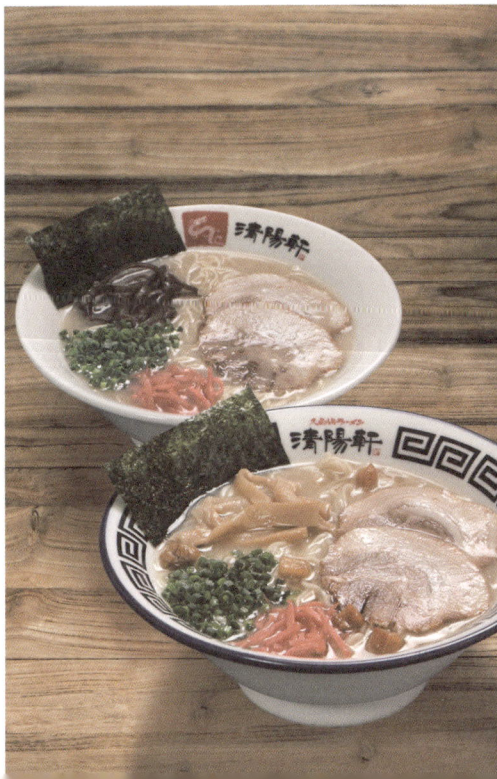

CHAPTER 8
04

玉名ラーメン
다마나라멘

큐슈 쿠마모토현 다마나시 고토치라멘

다마나라멘
玉名ラーメン

라멘 정보

라멘 종류: 돈코츠라멘

스프 재료: 돼지

염도: 짠 편

스프 농도: 보통

면 종류 : 일직선 면

역과의 접근성: 약간 가까움

다이린
大輪

영업 정보

추천 메뉴: 라멘

ラーメン 800엔

교통: JR 다마나역(玉名駅)
에서 도보 13분

시간: 월 11:00-15:00

화-일 11:00-15:00 / 17:00-22:00

(정기휴일 목요일)

마늘 가루를 첨가하여 구수하게 먹는 라멘

다마나라멘은 하카타, 쿠루메와 꽤 다른 느낌의 돈코츠다. 마늘 가루가 첨가된 스프는 구수한 맛이 나는데, 튀긴 마늘을 갈아 만든 가루이며 약간 수분감이 느껴진다. 공장 제품이 아닌 각 라멘집에서 마늘을 튀겨내어 만들었기에 라멘집마다 각기 다른 개성이 느껴진다. '다이린'의 스프는 뜨겁고 염도가 꽤 높다. 그럼에도 탁하지 않은 스프에서 나오는 감칠맛이 대단하다. 스프는 마늘 가루와 후추가 섞이면서 풍미가 배가된다. 푹 익혀진 면은 면 자체로도 무척 맛있으며, 고기 식감이 풍부한 차슈는 스프와 함께 즐기기 좋다. 식감 좋게 오도독 씹히는 목이버섯과 향기 좋은 김, 마늘 가루가 섞인 스프를 함께 먹는 조합이야말로 다마나라멘을 즐기기에 좋은 방법이다.

CHAPTER 8
05

佐賀ラーメン
사가라멘

큐슈 사가현 사가시 고토치라멘

사가라멘
佐賀ラーメン

라멘 정보

라멘 종류: 돈코츠라멘

스프 재료: 돼지

염도: 보통

스프 농도: 보통

면 종류 : 일직선 면

역과의 접근성: 약간 멈

사가라멘 이치겐
佐賀ラーメン いちげん

영업 정보

추천 메뉴: 젠부노세+노리츠케

全部のせ+海苔付 1500엔

교통: JR 사가역(佐賀駅)에서 도보 100분

시간: 월-금 11:00-14:45

토,일 11:00-14:45 / 17:30-20:30

(정기휴일 화,수요일)

돈코츠라멘의 장점만을 모아 만든 라멘

쿠루메, 하카타, 다마나 지역의 장점을 뽑아 만든 고토치라멘이 사가라멘이라 해도 과언이 아니다. 그중 일본 전국적으로 유명해진 '사가라멘 이치겐'은 사가현 내 1위 라멘집이다. 사가라멘 이치겐의 인기는 대기 줄에서부터 알 수 있다. 대단한 인기의 비결은 김, 날달걀과 구수한 스프에 있다. 스프는 감칠맛이 풍부한 부드러운 스프이며, 잡내는 전혀 느낄 수 없다. 특히 후추를 첨가해 먹는 스프는 한국의 떡국 국물이 생각나는 친숙한 맛이다. 스프에 마늘을 첨가해 먹으면 풍미가 더욱 올라오며, 부드럽게 익혀진 면과 날달걀의 노른자가 환상의 궁합을 이룬다. 김이 스프에 퍼지면서 특유의 바다향이 느껴지는데, 스프의 고소함과 함께 오니기리를 함께 즐기는 게 이 라멘의 절정이다.

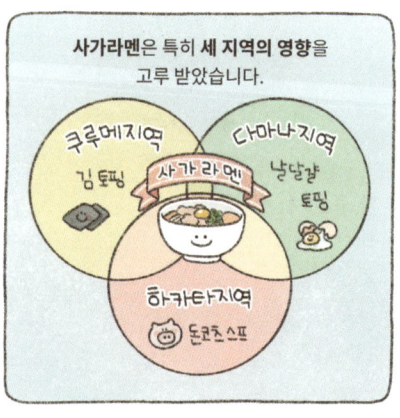

*오니기리: 밥을 쥐어 뭉친 일본 음식(주먹밥)

CHAPTER 8

06

あごだしラーメン

아고다시라멘

큐슈 나가사키현 사세보시 고토치라멘

아고다시라멘
あごだしラーメン

라멘 정보
라멘 종류: 쇼유라멘
스프 재료: 생선
염도: 다소 짠 편
스프 농도: 약간 묽은 편
면 종류: 일직선 면
역과의 접근성: 가까움

멘도코로아키라
麵処あきら させぼ五番街店

영업 정보
추천 메뉴: 아고다시쇼유라멘
あごだし醤油ラーメン 880엔
교통: JR 사세보역(佐世保駅)
에서 도보 4분
시간: 월-일 11:00-22:00
(정기휴일 부정기적)

큐슈에서 보기 드문 교카이계 스프 라멘

가다랑어포, 날치나 멸치 같은 생선에서 나오는 육수는 동물 뼈 육수와 섞이면서 감칠맛 넘치는 스프로 변한다. 그 때문에 수많은 라멘집에서 두 종류의 육수를 하나로 만들어 사용한다. 때에 따라 혼용을 하지 않고 따로 사용하기도 하는데, 날치로 만든 아고다시 라멘이 그렇다. 사세보시(市)를 중심으로 아고다시라멘집이 곳곳에 있으며, 조금 범위를 넓히면 인근 도시에도 아고다시라멘이 전파되어 있다. '멘도코로아키라'는 사세보역에서 가까운 쇼핑몰 2층에 자리 잡고 있으며 각종 면 요리와 음식들을 팔고 있는, 접근이 쉬운 라멘집이다. 스프는 들기름 특유의 고소함과 아고다시의 시원함이 느껴지고 약간 맵게 느껴진다. 단단한 식감의 면과 차슈는 스프와 함께 즐기기에 좋다.

돈코츠 스프가 주를 이루는 큐슈 지역에서, **아고다시라멘(あごだしラーメン)**은 보기 드문 *****교카이계 라멘**입니다.

*교카이계 라멘: 가츠오부시와 말린 멸치 등의 해산물을 사용해서 만드는 어게(교카이계) 라멘

나가사키현(長崎県) 히라도시(平戸市) 인근 해역에서는 일찍이 **날치 어업**이 성행했습니다.

때문에 이 지역 특산물인 *****아고**를 사용한 라멘이 만들어지게 되었습니다.

*아고(あご): 히라도에서는 날치를 뜻함

날치나 멸치는 라멘 스프를 만들 때 아주 중요하게 사용되는 재료입니다.

아고다시라멘은 사세보시(佐世保市) 곳곳에서 찾아볼 수 있고, 주변 도시에도 영향을 주어 종종 찾아 볼 수 있습니다.

돈코츠가 주력인 큐슈 지역에도 교카이계 **아고다시라멘**이 있다는걸 기억하고 더 많은 관심을 가져 주세요!

CHAPTER 8

07

熊本ラーメン
쿠마모토라멘

규슈 쿠마모토현 쿠마모토시 고토치라멘

쿠마모토라멘
熊本ラーメン

라멘 정보
라멘 종류: 돈코츠라멘
스프 재료: 돼지, 닭, 생선
염도: 보통
스프 농도: 보통
면 종류 : 일직선 면
역과의 접근성: 가까움

SCAN
소울선기
YOUTUBE
쿠마모토라멘

코쿠류코
黒龍紅本店

영업 정보
추천 메뉴: 류라멘매운맛
龍ラーメン(辛) 890엔
교통: JR 쿠마모토역(熊本駅)
에서 도보 6분
시간: 월-토 11:00-14:00 / 17:00-24:00
(정기휴일 일요일)

SCAN
코쿠류코
라멘집
구글맵 링크

원조의 품격이 잘 이어진 돈코츠라멘

후쿠오카현 쿠루메시(市)의 쿠루메 라멘은 쿠마모토현 다마나시(市)의 다마나라멘으로 전파된 이후, 인접 지역인 쿠마모토시(市)로 이어져 쿠마모토라멘을 탄생케 했다. 이 때문에 쿠루메라멘의 전통을 계승한 형태를 쿠마모토라멘에서 잘 엿볼 수 있다. 쿠마모토라멘이 다마나라멘과 가장 다른 점이라면, 다마나라멘은 마늘 가루를 라멘 스프 위에 첨가해 먹을지를 묻고 첨가하는 반면, 쿠마모토라멘은 스프 자체에 처음부터 마늘이 첨가되어 있고 마늘 기름의 풍미가 스프에 잘 배어있다. 쿠마모토역에서 가까운 '코쿠류코'의 스프는 매콤하면서 약간의 산미가 느껴지는 스프다. 보통 익힘의 중간 굵기 면과 부드러운 차슈와 스프 궁합이 좋으며, 테이블 위에 비치된 마늘 가루를 더 첨가해 먹는 방법도 좋다.

일본 전역에는 수없이 다양한 맛 좋은
라멘집들이 있지만,

지금도 선명한 기억으로 남아있는 이곳은 바로
'**고테이라멘 (古亭ラーメン)**'입니다.

지금은 사라졌지만,
미스미역 근처에서 **쿠마모토라멘(熊本ラーメン)**을 판매하던 곳입니다.

꼭 가보고 싶던 라멘집 중 한 곳이었던 이곳에 2016년 방문했을 때,
사장님께선 한국에서 온 저를 환대해 주셨습니다.

소중한 사람과 다시 한번 와보고 싶다는 마음을 간직하고
어머니와 함께 다시 이곳을 방문했을 때는 시간이 꽤 흘러서였습니다.

아쉽게도 식당은 문을 닫았습니다.

고테이라멘의 쿠마모토라멘을 이제 더는 먹을 수 없지만,
쿠마모토라멘을 먹을 때마다 다정했던 사장님이 떠올라
마음이 뭉클해집니다.

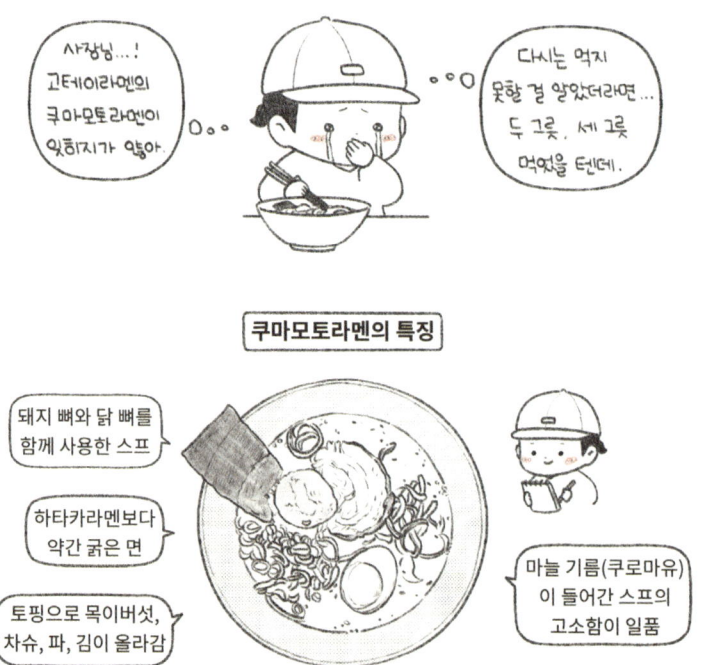

CHAPTER 8
08

佐伯ラーメン
사이키라멘

큐슈 오이타현 사이키시 고토치라멘

사이키라멘
佐伯ラーメン

멘도코로 히지리
麺処 聖

라멘 정보

라멘 종류: 돈코츠라멘

스프 재료: 돼지, 생선

염도: 보통

스프 농도: 보통

면 종류: 일직선 면

역과의 접근성: 가까움

영업 정보

추천 메뉴: 라멘

ラーメン 700엔

교통: JR 사이키역(佐伯駅)에서 도보 3분

시간: 화-일 11:00-14:00 / 17:00-20:15

(정기휴일 월요일)

감칠맛과 고소함이 잘 어우러진 라멘

큐슈에서 유일하게 돈코츠 스프에 간장을 가미한 고토치라멘이 있다. 바로 오이타현에 속해 있는 사이키라멘이다. 사이키시(市)는 오이타역에서 특급 열차로 약 1시간 거리에 있는 작은 도시로, 어업과 조선업이 발달해 온 인구 약 6만의 도시다. 이곳은 일찍부터 어업과 조선업이 발달한 지역인 만큼 생선 육수를 돼지 뼈 육수와 함께 혼용해 사용한다. 또 다른 특징은 스프 위로 백후추와 깨가 뿌려져 함께 나오는 것이다.

'멘도코로 히지리'의 스프는 기름기가 적고 맑은 것이 특징이며 후추, 깨로 무장한 스프는 특유의 감칠맛과 고소함이 부드럽게 어우러진다. 면은 돈코츠라멘임에도 꽤 굵은 편이며 푹 익혀져 나온다. 차슈와 식감 좋은 얇은 숙주도 라멘과 잘 어우러진다.

우리 가족이 다함께 한 첫 해외 여행지는 **일본 큐슈**였습니다.

공항에 도착한 후 대가족답게 큰 자동차를 빌렸습니다.

북적북적한 분위기의 가족 여행은
혼자 하는 라멘 여행과는 또 다른 기쁨이 있었습니다.

일본에 왔으면 역시 라멘을 먹어야겠지요!
가족들에게 제가 좋아하는 **사이키라멘(佐伯ラーメン)**을
소개했습니다.

사이키라멘의 스프가 꽤 농후한 돈코츠 스프여서 살짝 걱정되었지만, 모두 맛있게 라멘을 먹는 모습을 보니 뿌듯해졌습니다.

가족들 모두 맛있게 먹은 **사이키라멘**은, 큐슈에서 유일하게 **간장과 생선계 스프를 같이 사용한 돈코츠라멘**입니다.

'**사이키라멘 위원회**'에서는 고토치라멘으로서의 **사이키라멘**의 위상을 높이기 위해 홍보 홈페이지도 운영하고 있습니다.

사이키라멘의 특징

- 돈코츠스프 베이스에 쇼유가 첨가됨
- 몇몇 라멘집은 돈코츠에 생선계 스프를 함께 사용함
- 토핑으로 깨, 김, 숙주, 파 등이 주로 올려짐
- 큐슈 내 다른 지역에 비해 스프의 양이 조금 적은 편

CHAPTER 8

09

宮崎ラーメン
미야자키라멘

큐슈 미야자키현 미야자키시 고토치라멘

미야자키라멘
宮崎ラーメン

라멘 정보
라멘 종류: 쇼유라멘
스프 재료: 돼지, 닭
염도: 다소 짠 편
스프 농도: 보통
면 종류: 일직선 면
역과의 접근성: 보통

사토이모
さといも

영업 정보
추천 메뉴: 라멘
ラーメン 680엔
교통: JR 미야자키진구역(宮崎神宮駅)
에서 도보 20분
시간: 월-일 10:30-22:00
(정기휴일 수요일)

SCAN
소울선기
YOUTUBE
미야자키라멘

SCAN
사토이모
라멘집
구글맵 링크

웃음이 절로 나는 맛있는 스프가 매력적인 곳

미야자키 시내에 있는 여러 라멘집들을 경험했지만, '사토이모'야말로 미야자키라멘을 대변하는 맛있는 라멘집이다. 미야자키역에서 도보로 40분가량 소요되어 가기 쉽지 않지만, 점심시간 주차장에 가득 들어찬 차들과 많은 손님을 보면 이곳이 지역 주민들에게 얼마나 인기가 많은 곳인지 알 수 있다. 보기에도 연해 보이는 스프는 부담 없이 먹기 좋고, 비법 양념이 포함된 스프를 한 입 떠먹으면 절로 웃음이 난다. 스프에선 미묘한 쇼유타레의 뒷맛이 느껴지고 춘장을 사용한 듯 묘한 향이 난다. 후추와 마늘을 듬뿍 넣으면 환상적으로 스프가 변하니, 변주를 즐겨보자.

미야자키라멘의 특징

CHAPTER 8

10 미야자키카라멘

宮崎辛麺

큐슈 미야자키현 미야자키시 고토치라멘

미야자키카라멘
宮崎辛麺

라멘 정보

라멘 종류: 카라멘
스프 재료: 돼지, 닭
염도: 보통
스프 농도: 보통
면 종류 : 일직선 면
역과의 접근성: 가까움

신멘야
辛麺屋 本店

영업 정보

추천메뉴: 신멘8배맵기
辛麺8倍 850엔
교통: JR 미나미미야자키역(南宮崎駅)
에서 도보 6분
시간: 월-일 11:00-15:00 / 17:00-22:00
(정기휴일 부정기적)

기분 좋게 '탁' 치고 올라오는 매콤함이 매력적인 라멘

미야자키카라멘은 미야자키 지역에 고착되어 발전해온 고토치라멘이며 미디어를 통해 일본 전역으로 알려지기 시작했다. 다소 매운 라멘이기 때문인지 한국인 구글 평점이 좋은 편이다. '신멘야'의 스프는 뒤끝 없이 깔끔하게 맵다. 먹고 한참 뒤에 올라오는 맵기가 아니다. 맵싸한 스프는 풀어진 계란과 무척 잘 어울리며, 통마늘과 부추 또한 매운맛을 더욱 부각 시키는데 한몫한다. 미야자키에 간다면 부드럽고 감칠맛 넘치는 미야자키라멘으로 시작해, 깔끔하게 매운 스프를 자랑하는 미야자키카라멘으로 연식해 보면 어떨까.

미야자키카라멘의 특징

- 한국산 고춧가루를 사용한, 매운 닭 베이스 스프
- 스타미나계 라멘처럼 마늘과 부추가 토핑으로 올라감
- 기존 일본 라멘 면과는 다르게 메밀과 밀 조합의 면을 사용(한국 스타일 면이라 불림)
- 스프에 달걀이 잘 풀어져 있음

미야자키에서는 상반된 매력의 두 라멘을 맛보시길 수천힙니다.

CHAPTER 8

11

鹿児島ラーメン
가고시마라멘

큐슈 가고시마현 가고시마시 고토치라멘

가고시마라멘
鹿児島ラーメン

라멘 정보

라멘 종류: 돈코츠라멘

스프 재료: 돼지, 닭, 야채

염도: 다소 짠 편

스프 농도: 보통

면 종류 : 일직선 면

역과의 접근성: 보통

라멘 코킨타
ラーメン 小金太

영업 정보

추천 메뉴: 라멘

ラーメン 850엔

교통: 가고시마 시덴 고토추갓코마에역
(甲東中学校前)에서 도보 5분

시간: 월-일 11:30-15:00 / 18:00-3:30
(정기휴일 부정기적)

SCAN
소울선기
YOUTUBE
가고시마라멘

SCAN
라멘 코킨타
라멘집
구글맵 링크

누구나 부담 없이 즐길 수 있는 돈코츠라멘

가고시마라멘 스프는 돼지 뼈 바탕 스프에 닭 뼈와 채소도 함께 사용하는 것이 특징이며, 큐슈 북쪽에 있는 돈코츠라멘들과 확연하게 차이가 나는 맑은 스프가 매력적이다. '라멘 코킨타'는 가고시마라멘집 상위권에 항상 올라가 있는 유명 인기 라멘집인데, 매번 대기 행렬을 볼 수 있다. 스프는 돈코츠의 느낌이 확실하게 느껴지고 짭짤하다. 스프와 채소의 적절한 균형, 연한 농도의 스프는 부담 없이 먹기 좋다. 목이버섯, 숙주, 파, 양배추 토핑이 올라가는데, 특히 양배추야말로 가고시마라멘의 중심 토핑으로서 라멘을 더 맛있게 먹게 된다. 맑고 부담 없는 스프와 볶음밥을 함께 즐기는 것도 추천한다.

CHAPTER 8

12 오키나와소바
沖縄そば

오키나와 오키나와현 나하시 고토치라멘

오키나와소바
沖縄そば

라멘 정보
라멘 종류: 오키나와소바
스프 재료: 생선
염도: 보통
스프 농도: 매우 묽은 편
면 종류: 납작 면
역과의 접근성: 가까움

토라야
とらや

영업 정보
추천 메뉴: 오키나와소바 보통
沖縄そば中 650엔
교통: 유이 레일 오로쿠역(小禄駅)
에서 도보 6분
시간: 월-일 11:00-16:30
(정기휴일 화요일)

오키나와만의 매력적인 소바를 느낄 수 있는 곳

오키나와소바와 일본소바의 가장 큰 차이점은, 메밀이 첨가된 면이 아닌 밀가루로만 만들어졌다는 것이다. 오키나와소바는 그 자체로 고토치라멘으로 분류되기도 하지만 일본라멘의 초기 형태인 츄카소바와는 다르다. 면의 식감은 라멘과 확연한 차이가 있고, 스프는 염도가 낮은 편이다. 오키나와소바만을 전문적으로 판매하는 '토라야'의 스프는 생선 바탕의 맑은 육수가 매력적인데, 생선 육수 특유의 감칠맛이 은은하게 풍긴다. 칼국수보다 더 넓은 모양의 딱딱한 면은 마치 덜 익은 듯 느껴지지만 이 면이야말로 오키나와소바를 잘 설명해준다. 스프가 심심한 듯 느껴진다면 이치미를 첨가해 칼칼하게 먹는 것도 좋다.

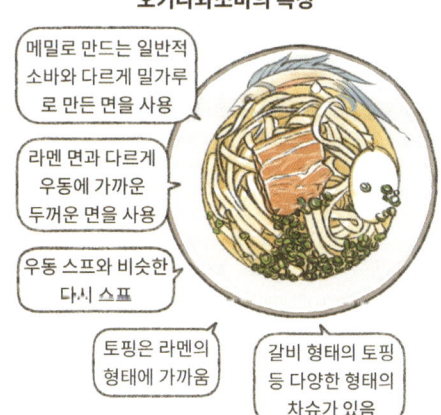

#오키나와 에피소드
태풍이 몰고 온 기적

일본 전국 라멘 여행이란 꿈을 실현했던 2023년 6월, 일본 47개 도도부현의 마지막 종지부를 찍을 오키나와현에 도착했습니다. 열흘 동안 순조롭게 머물며 맛보고 싶었던 라멘집을 모두 다녀온 뒤 마침내 떠날 날이 되었습니다. 그런데 바람이 심상치 않게 불어왔습니다. 한 번도 겪어보지 못한 강풍이었죠. 얼마 되지 않아 비행 결항 안내 문자와 이메일이 계속 옵니다. 일본에서 10년 만에 다시 겪어보는 항공 결항입니다. 엄청난 비바람이 불어 큰 캐리어를 옮기긴 역부족이었기에 부쩍 뛰어오른 숙박비를 감수하고 연장 숙박을 하게 되었습니다.

비는 무섭게 창문을 때렸고 도무지 호텔 밖으론 나갈 생각도 할 수 없을 만큼 강풍을 동반한 비가 내렸습니다. 휘몰아치는 태풍으로 모든 게 정지된 듯 느껴졌습니다.

이윽고 삼 일째 되던 날 거짓말처럼 해가 떠올랐고, 저는 호텔에 머물며 추가로 발견한 라멘집들을 찾아가기로 했습니다. 그리고 기존에 오키나와에서 다녀왔던 라멘집보다 훨씬 더 맛있는 곳들을 발견하게 되면서 왜 진작 이곳들을 찾을 수 없었나 하는 생각이 들었습니다. 전화위복이라 했던가요, 오히려 태풍에게 감사해야 할 정도였습니다.

라멘 여행을 다니며 많은 일이 있었지만, 이번 일은 제 인생에 큰 교훈을 남겼습니다. 더불어 이번 라멘 여행에 대한 아쉬움을 홀가분하게 털 마음의 여유도 누릴 수 있었습니다.

라멘 여행의 종지부를 오키나와로 정하기를 정말 잘했습니다.
에메랄드빛 바다의 추억까지, 정말 멋진 마무리였습니다.

THANKS TO

이 책이 나올 수 있도록 도와주신 분들께 감사한 마음을 전합니다.

@foodbattery	김범수	문로지	優子	중화소바지평
_smobol	김병채	미니유니명범!	우직한 고슴도치	진아버님
A	김병철	미트고로	유니윤	진하♡
atacms1	김보람	민경	윤수정	차밍수
Billy	김부리	바게진님♥	윤영수	채민아
Chef Michael	김성민	바울이	이경상	채종석 문은정
Cuirassier	김용석	박서준	이광훈	책1권
darjeeling9	김용임	박성민&신윤아	이담채	천안 노경완
GeumDong	김자연	박재용	이두녕	초사이언
Gonzono 666	김정환	박정현	이명기	최순영
GROWHERO	김제이스	박종빈	이미영	최재준
Ime	김준우	박희준	이미영	최지현
Kayway	김태현	백랑	이민영	카네다
KDY	나뭐사쥬	변기통	이석훈	쿄, 라멘
keidence	날개하나김현수	별다리	이승기	키미키미키무
kkk_drawing	농콩꼼탄태수	별둥이	이자현	타라코소바
LONEWOLF	눅눅한콘푸로스트	보짱 김보현	이자희	태호가응원해요
Luckstealer	눙깔	비도	이재원(새비)	토리시오
mogli.h_ 황영승	다락방	사이1223	이정민	토요일금붕어
moretravels88	달나음	상우&정숙	이정열	투스카이
nabul	더도쿄테이스트	새드닉스	이지환	판교양덕
NICKEL	동쪽에서 시작하는 빛	서린	이창주	포뇨23
PPP	돼왕	설지혁	이창환	하민하늘사랑해요
sol.clave	또또로	설철수	이혜경	햅뻬
stormcrow	똘똘이	세리어드	임준수	호재
Sunshinetracker	띠디	세스타	임핑가	홀란드 리
Tony	라멘광훈	송영찬	자오토스	화이팅
Wyatt Petty	라멘남	스웨디드	장소윤	활라멘
なみこ	라멘러버	승영,진아	장원석	황준성
강명찬	라멘마루켄	시현	전국면JKM	황현민
개굴tv	라멘유니버스	신스케	전윤재	흐니에스타
거북수프	라멘티스트	쑤농부	정준혁	응원합니다
고독한돼식가	라이프	아름다운	정태민	인스타 my_life_
권정원	라쿠	아무개	정홍제	for_ramen
그림그리는한우	로망라멘	앙코르석공	정환동	
글래드	린카	어흥이	제주감귤	
김건모(무지개뚤기)	마냥걷는다	여지헌	제페토 화니	
김동호	먼지	영팍	조경빈	
김민	멘테오	오동나무	조회겸	
김민준	면이면옥	오승영	줄주리타